Wilhelm Koner

Über die neuesten Entdeckungen in Afrika

Wilhelm Koner

Über die neuesten Entdeckungen in Afrika

ISBN/EAN: 9783743301917

Hergestellt in Europa, USA, Kanada, Australien, Japan

Cover: Foto ©ninafisch / pixelio.de

Manufactured and distributed by brebook publishing software (www.brebook.com)

Wilhelm Koner

Über die neuesten Entdeckungen in Afrika

Ueber die
neuesten Entdeckungen in Afrika.

Zwei Vorträge

von

Prof. Dr. W. Koner.

Berlin, 1869.

E. G. Lüderitz'sche Verlagsbuchhandlung.
A. Charisius.

I.

Derjenige Erdtheil, dessen Erforschung sich verhältnißmäßig die größte Summe geistiger Kräfte zugewandt hat, der aber trotzdem der Forschung und Civilisation sich am längsten verschlossen hat, ist unstreitig Afrika. Während Amerika's productenreicher Boden für Millionen Bewohner der alten Welt zur neuen Heimath geworden, während dort von Meer zu Meer eine europäische Bevölkerung in stetigem Vordringen sich zum Herrn jener gewaltigen Ländergebiete gemacht hat und die Urbevölkerung im Contact mit der romanischen und germanischen Race mehr und mehr der Vernichtung entgegengeht, während dort vor unseren Augen eine Staaten- und Städtebildung in einer Schnelligkeit sich vollzieht, wie solche in keinem Theile der alten Welt ein Analogon aufzuweisen hat, während endlich auf dem australischen Festlande in ähnlicher Weise durch Masseneinwanderungen der Küstenrand mit einer Reihe rasch emporblühender Colonien besetzt worden ist, und für Ackerbau und Viehzucht bereits mächtige Strecken culturfähigen Bodens im Innern gewonnen worden sind, bieten sich in dem an Größe dritten Erdtheil nur annähernd ähnliche Erscheinungen dar. Und dennoch ist Afrika der dem europäisch-asiatischen Continent zunächst liegende Erdtheil, ja man könnte sagen, nur ein losgerisſenes Glied der die öſtliche Halbkugel bedeckenden Ländermaſſen, der an ſeinen nördlichen Grenzen den mediterranen Charakter der weit gegen Süden ausgreifenden Halbinſeln Europa's noch bewahrt hat; zwar getrennt von ihnen durch die gewaltige Einſenkung der Mittelmeerbeckens, aber dennoch eng verbunden mit ihnen im Oſten durch den Iſthmus von Suez, im Weſten durch einen von oceaniſchen Fluthen gewaltſam zerriſſenen Gebirgsrücken: zwei natürliche Brücken, über die ſich ſeit den älteſten Zeiten Völkerzüge herüber und hinüber bewegten.

Forſchen wir nach den Urſachen, wie es möglich war, daß ein mit den alten Culturſitzen räumlich ſo eng verbundener Erdtheil, deſſen reiche Erzeugniſſe ſeit den früheſten Zeiten die Märkte Europa's belebten, deſſen Bevölkerung ſeit Columbus Zeiten zu unfreiwilligen Cultivatoren einer neu entdeckten Welt wurde, dem Forſchungsgeiſte derartige Schranken entgegen zu ſetzen vermochte, daß nach tauſendjährigen Mühen die größere Hälfte deſſelben für uns noch eine terra incognita bildet, ſo haben wir dieſelben in der natürlichen Beſchaffenheit Afrika's zu ſuchen. Als ein iſolirtes Ganzes, von einem im Verhältniß zu ſeiner Länge nur gering entwickelten Küſtenſaum umgrenzt, bietet Afrika ſchon in ſeinen äußeren Contouren ein total anderes Bild dar, als Europa und Aſien. Hier ein Körper, der ſeine Glieder wie Polypenarme in die umgebende Waſſerwelt ausſtreckt, eine durch vielgeſtaltete Halbinſeln, Meerbuſen und Buchten reich gegliederte Küſtenlinie, wo culturfähiges und cultivirtes Land faſt überall bis zum Meeresſtrande reicht, und wo zahlloſe Ortſchaften, Poren vergleichbar, den Lebensproceß des Körpers vermitteln, — dort ein in ſeiner Contouren-Entwickelung gleichſam zurückgebliebener Erdtheil, ohne Küſtengliederung, mit einer nur ſpärlich von Häfen beſetzten Küſte, welche faſt überall als ein ſteriler, ſandiger Gürtel das

Vorland der beiden gewaltigen Plateaubildungen des Nordens und Südens Afrika's bildet, mit dünn gesäeten Culturstätten an seinen Uferrändern, welche in schmalen Canälen nur einzelnen Theilen, nie aber in nothwendiger Wechselwirkung dem Ganzen dieses Riesenkörpers ihre belebende Kraft mitzutheilen vermögen.

Aber nicht allein die Einfachheit der Küstenformen ist es, welche auf die Verhältnisse Afrika's bedingend einwirkt, sondern es ist ebenso das Flußsystem, welches in seiner Eigenthümlichkeit diesen Erdtheil wesentlich von Europa und Asien unterscheidet. Nicht, daß es Afrika an großen Flüssen fehlte, — ist doch der Nil nahezu der größte Strom der Erde —, aber dieses Flußsystem ist über den gewaltigen Flächenraum nur ungleich vertheilt, ist bei den größten Strömen häufig nur auf einen wenig geästelten Hauptstrom concentrirt; was aber die Hauptsache ist, Afrika's Ströme vermögen nicht als Verkehrsstraßen die pulsirenden Lebensadern des Innern mit der Küste zu bilden. In ihrem Oberlauf in weiten Krümmungen die Hochflächen des Innern durchschneidend, bahnen sich dieselben, vorzugsweise die auf der Südhälfte des Erdtheils gelegenen, in ihrem Mittellauf ihren Weg durch die Abfallstufen, welche den Rand der Plateaus bilden, in mit Klippen und Felsblöcken besäeten Betten, um dann in kurzem Unterlaufe durch das schmale Litorale ihre Fluthen mit denen der Oceane zu vermischen, während die nordafrikanischen Flüsse, wie der Nil, Niger und Senegal, in ihrem Mittellauf häufig von quer sie durchsetzenden Gebirgskanten gehemmt sind und Stromschnellen und Katarakte ihre Benutzung als Verkehrsstraßen erschweren oder unmöglich machen. Zu diesen Hindernissen für den Verkehr treten aber noch zwei andere, nicht minder wichtige Faktoren. Afrika gehört zu ⅘ Theilen der tropischen Zone an, und die durch dieselbe bedingten, scharf abgegrenzten klimatischen Erscheinungen äußern, ebenso wie auf die Vegetation, so auch auf die periodische Wassermenge in Flüssen und Seebecken ihren Einfluß. Wie mit einem Zauberschlage verwandelt sich, sobald beim Beginn der Regenzeit die rasch emporsteigenden Wolken ihre Schleusen öffnen, das während der heißen Jahreszeit ausgedörrte und zerrissene Erdreich in lachende Wiesenflächen und wogende Getreidefelder, und mit gleichem Zauberschlage füllen sich die bis auf wenige Wasserlachen oder zu einem schmalen, träge dahinschleichenden Rinnsal zusammengeschrumpften Flüsse mit brausend daher stürzenden Wassermassen. Wasserleere Chors, deren Bette der Reisende während der heißen Jahreszeit trocknen Fußes zu durchwandern vermag, in denen die Caravane oft nur durch Graben das für die lechzenden Lastthiere nöthige Wasser findet, werden zu breiten, brausenden Strömen, die von ihren Steilufern losgerissenes Erdreich, Bäume, Schilf und Steingeröll in ihren Wogen mit sich fortreißen und auf unabsehbaren Strecken die Uferlandschaft überschwemmen. Jene Schlamm- und Kiesmassen aber, welche der Wogenschwall fortwälzt, werden dem Meere zugeführt, wo sie sich als Schlammbänke und Barren den Deltabildungen der Flüsse vorlagern und die Einfahrt in dieselben häufig nur zur Zeit des Hochwassers gestatten.

Sind mithin die Hauptströme Afrika's überhaupt nur streckenweise und nur zu gewissen Jahreszeiten für flachgebaute Schiffe befahrbar, die Nebenflüsse aber fast durchgängig gar nicht, oder höchstens mit primitiven, einheimischen Fahrzeugen, so bietet aber außerdem die bereits angedeutete ungleichmäßige Vertheilung der Flußsysteme eine so abnorme Erscheinung dar, wie solche nur auf dem australischen Continent wiederkehrt. Man bedenke, daß auf der etwa 600 Meilen langen nordafrikanischen Küste, außer dem in östlichster Ecke mündenden Nil, kein Flußlauf von irgend welcher Bedeutung dem Mittelmeere zueilt, daß die Westküste von der Straße von Gibraltar bis zum Senegal, vom Gambia bis zum Niger, sowie die Küste des rothen Meeres nur spärlich mit unbedeutenden Küstenflüssen besetzt sind, endlich daß überhaupt auf der ca. 3520 Meilen langen Küste dieses Erdtheils nur sechs größere Stromsysteme münden. Ebenso ungleichmäßig, wie die der fließenden Gewässer, ist aber auch die Vertheilung der stehenden. Jene gewaltigen Seebecken, welche südlich vom Aequator parallel der Ostküste Südafrika's sich hinziehen, stellen sich, soviel die neuesten Forschungen ergeben haben, ebenso wie der Tsadsee, als fast isolirte nur von kleineren Zuflüssen gespeiste Becken dar, und nur die Nilseen stehen mit größeren, freilich noch nicht hinlänglich bekannten Stromsystemen in Verbindung.

Dieses Mißverhältniß in der Vertheilung der Gewässer, die Unmöglichkeit, die meisten Hauptströme selbst da, wo die Beschaffenheit ihrer Betten der Schifffahrt keine Hindernisse in den Weg legt, zu allen Jahreszeiten befahren zu können, endlich der Umstand, daß gerade die Flußniederungen und Sumpfregionen mit ihrer von Miasmen geschwängerten Luft dem Europäer so verderbenbringend sind, dürften als Hauptmomente für die langsame Entwickelung der Colonisation und Civilisation Afrika's gelten. Diesen für den Verkehr mit dem Binnenlande so ungünstigen Verhältnissen gesellen sich aber noch andere nicht minder gewichtige hinzu. Auf jenen beiden mächtigen Plateaubildungen im Norden und Süden, an deren Rändern sich nur wenige isolirt dastehende, bis zur Schneegrenze reichende Gebirgs- und Berggruppen erheben, breiten sich weit ausgedehnte sterile Flächen aus: im Norden, wo die größte Ausbreitung der continentalen Masse sich befindet, die aus einer südlichen

Erhebung von 4000' gegen Norden bis auf 2000' schräg abfallende Wüstenzone der Sahara, die eigentliche Zone des hier um 30 Breitengrade nordwärts gerückten thermischen Aequators; im Süden zwar minder ausgedehnte, aber immerhin zahlreiche Wüstenflächen, und nur unter dem belebenden Einfluß periodischer Regen mit üppiger Grasvegetation bekleidete, zur heißen Jahreszeit aber wasserlose und völlig ausgedörrte Steppenländer. Diese sterilen, jeder Cultur unzugänglichen Flächen, welche, wie die Sahara, die Mittelmeerstaaten Nordafrika's vollkommen von den reichen Landschaften des Sudan trennen, oder, wie in Südafrika, fruchtbare und stark bevölkerte Gegenden oasenartig einschließen, weisen natürlich den Verkehr auf die schmalen, durch Brunnen und Oasen bestimmte Bahnen. Hat auch der menschliche Erfindungsgeist bereits begonnen, diese von der Natur gesetzten Schranken zu besiegen, hat man es auch mit überraschendem Erfolge versucht, durch Brunnenbohrungen in der Wüste an den Südabhängen des Atlas Oasen hervorzuzaubern und mittelst derselben neue Caravanenstraßen zu schaffen, durchschneidet auch bereits im Nordosten Aegyptens ein Schienenweg die Wüste, so sind dies eben nur mühsam erreichte Triumphe der Wissenschaft in unmittelbarer Nähe civilisirter Staaten, und die Projekte eines Baker und Rohlfs zur Urbarmachung der nubischen Wüste und der Sahara dürften wohl stets dem Bereich der frommen Wünsche angehören. — Bietet nun auch Afrika, im Gegensatz zu diesen von der Natur nur stiefmütterlich bedachten Flächen, große Strecken fruchtbaren, culturfähigen Landes und in üppigster Vegetationsfülle prangende Gegenden dar, wie sie nur die Tropen hervorzubringen im Stande sind, so verschließen sich doch diese blühenden und reich bevölkerten Binnenlandschaften standhaft einer Colonisation, hier durch vorgelegte Wüstengürtel, oder ungesunde Litorale's, dort durch ihre den Europäern schädlichen klimatischen Verhältnisse, sowie durch die große Reihe jener Gefahren, denen der Weiße unter den durch Sklavenhandel seit uralten Zeiten demoralisirten Negerstämmen oder inmitten einer fanatischen muhammedanischen Bevölkerung ausgesetzt ist. Freilich haben wir am Nordrand und an der Südspitze die Erscheinung einer durch Einwanderung gegründeten Staatenbildung, aber auch nur auf diesen beiden Zonen Afrika's haben Colonien eine dauernde Stätte gefunden, während den an der Westküste schon seit Jahrhunderten bestehenden und in neuester Zeit räumlich sehr erweiterten Niederlassungen, trotzdem sie den zu den fruchtbaren Binnenländern führenden Pforten bei weitem am nächsten liegen, gleichsam unter der Gluth der tropischen Sonne jedes frische Lebenselement zu fehlen scheint. Anders freilich wie in Amerika, wo den Spuren der Trapper Colonnen von Einwanderern unmittelbar nachfolgen und die neuentdeckten Punkte in kurzer Zeit zum Sitz einer zahlreichen, betriebsamen europäischen Bevölkerung werden, gestalten sich in Afrika die Verhältnisse. Hunderte von Pionieren der Wissenschaft hat Europa dorthin gesandt, durch Wüsteneien, Steppen und Urwälder haben sich diese Männer einen Weg in das Innere von einem Ocean zum andern gebahnt, aber nur der Wissenschaft kam bis jetzt die größere Zahl dieser Entdeckungen zu Gute, Handel und Civilisation haben sich bis jetzt nur sehr wenig den Spuren dieser kühnen Pfadfinder angeheftet. — Unsere Aufgabe soll es nun sein, die Versuche, welche während der letzten beiden Decennien zur Entdeckung des unbekannten Inneren ausgeführt wurden, in ihren Hauptzügen darzustellen.

Beginnen wir zunächst im Osten bei jener Verbindung Afrika's mit Asien, welche in unseren Tagen vorzugsweise die Blicke der handeltreibenden Welt auf sich zieht. Unähnlich dem Verbindungsgliede der beiden Continente Amerika's, welches mit seinem Gebirgsrücken dem Anprall oceanischer Fluthen einen undurchdringlichen Damm entgegensetzt, erscheint der Isthmus von Suez mit seinem flachen, vorzugsweise aus Rollkieseln und Kies bestehenden, den Meeresspiegel an seiner höchsten Stelle bei el Girsch nur um 60' überragenden Boden als ein Produkt der Schuttablagerungen zweier gegen einander arbeitenden Meeresströmungen. Diese das Rothe- und Mittelmeer trennende Scheidewand zu durchstechen, über deren ungastlichen Boden auf vorgezeichneter Caravanenstraße seit Jahrtausenden der Landhandel zweier Erdtheile sich zwar bewegte, welche aber dem bei weitem regeren Verkehr der handeltreibenden Staaten an den Gestaden des Mittelmeeres mit den productenreichen, von den Wogen des indischen Oceans bespülten Ländern hindernd entgegentrat, war eine Aufgabe, deren Lösung bereits das hohe Alterthum angebahnt hatte, die aber erst in unseren Tagen vielleicht zu einem befriedigenden Abschluß gebracht werden wird. — Zwei Wege boten sich für die Ausführung des Unternehmens: einmal, unter Benutzung der natürlichen Wasserstraße des Nils, eine Verbindung dieses Stromes mittelst eines Canals mit der nordwestlichen Spitze des rothen Meeres, dann ein direkter Verbindungscanal zwischen dem Mittel- und Rothen Meere. Jenes Projekt verfolgte das Alterthum, dieses hat die Neuzeit aufgenommen; jenes bezweckte ausschließlich die Hebung des ägyptischen Handels, dieses soll dem Welthandel neue Bahnen eröffnen. Ramses II. (Sesostris), nach Anderen Necho, soll bereits den Bau eines Canals von dem pelusinischen Nilarm oberhalb Bubastis (Tell-Basta) begonnen haben, den Darius Hystaspis fortsetzte und Ptolemäus Philadelphus in einer Ausdehnung von vier Tagereisen bis zu den nördlich von Suez gelegenen Bitterseen geführt hat; hier aber sei die Vollenbung des Werkes aus dem Grunde unterbrochen worden, weil nach der Ansicht der Ingenieure der Spiegel des rothen Meeres bedeutend höher als der des Mittelmeeres läge, bei der Vollendung des Canals mithin eine Ueberfluthung der Landenge zu befürchten wäre, — eine Annahme, in welcher man durch die oberflächlichen Lepère'schen Untersuchungen zur Zeit der Expedition Buonaparte's nach Aegypten noch bestärkt wurde, die sich aber durch die gründlichen Messungen der im Jahre 1846 auf dem Isthmus beschäftigten Commission als vollständig irrig erwiesen hat. Nach diesen Untersuchungen beträgt der mittlere Höhenunterschied beider Meere nur 2'; zeitweise erhebt sich freilich bei heftigen Winden und starken Fluthen das rothe Meer bis auf 7', während zu anderen Zeiten das Niveau der beiden Meere vollkommen gleich ist. — Da Anschwemmungen im Laufe der Jahrhunderte das Bett dieses Canals wahrscheinlich versandet hatten, führte Kaiser Trajan zur Speisung desselben einen zweiten Canal von Babylon, dem heutigen Alt-Kairo, aus zu den Bitterseen und von dort bis zur nordwestlichen Spitze des rothen Meeres, welcher nach abermaliger Versandung durch den Chalifen Omar wieder hergestellt, aber etwa um das Jahr 767 auf Befehl des Chalifen Abu-Gaser-el-Mansur zugeschüttet wurde. Ruhten nun auch während elf Jahrhunderte die Versuche zur Herstellung einer Verbindung beider Meere, — erschien doch der inzwischen entdeckte Seeweg nach Ostindien für den Handel gewinnbringender, als die gefahrvolle Beschiffung des rothen Meeres, sowie das zeitraubende Ein- und Ausladen der Waaren an den hafenlosen Küsten für den Transport über den unwirthlichen Isthmus, — so hat es doch keinesweges an Anregungen zur Ausführung dieses großartigen Unternehmens gefehlt, wie solche von Leibnitz in seiner an Ludwig XIV. gerichteten Denkschrift, vom Marquis von

Nointel durch seine während der Jahre 1670—78 mit der Pforte gepflogenen Verhandlungen, von Truguet im Jahre 1785 durch einen mit dem Sultan abgeschlossenen geheimen Vertrag, endlich von Buonaparte während seines Feldzuges in Aegypten ausgingen. Aber erst mit dem Jahre 1841 sollte für die Wiedereröffnung des Wasserweges eine neue Aera beginnen. Linant-Bey und Anderson, der Director der Peninsular and Oriental Company, entwarfen, unterstützt von Metternich, einen Plan zur Anlage eines dem Schutz und der Garantie sämmtlicher Regierungen Europa's anzuvertrauenden Canals, und bereits im Jahre 1846 sehen wir eine Commission von französischen, deutschen und englischen Ingenieuren auf dem Isthmus mit genauen Nivellements beschäftigt, deren Arbeiten freilich durch die Bewegungen des Jahres 1848 auf kurze Zeit unterbrochen wurden. Seitdem aber begann in Folge der Rivalität der beiden bei dem Canalbau vorzugsweise interessirten Mächte ein eigenthümliches reges Leben sich im unteren Nilthal und in der Wüste zu entwickeln. Englische Ingenieure legten einen Schienenweg von Kairo aus durch die Wüste nach Suez, führten denselben bis Alexandria und verbanden nach und nach alle wichtigen Punkte in Unterägypten durch ein Eisenbahnnetz, während Lesseps für eine unter französischem Schutz stehende Gesellschaft von Capitalisten eine Concession und ein auf 99 Jahre lautendes Privilegium zum Bau eines Canals durch den Isthmus erwarb. Ein von der Spitze des Golfs von Suez in fast nördlicher Richtung gelegener Ort am Mittelmeer, Port Said, wurde als Anfangspunkt für den Durchstich gewählt und hier die Arbeiten im Jahre 1859 begonnen. Bereits hat man mit Benutzung der Lagune Menzaleh und der Ballah-, Timsah- und Bitter-Seen eine bis jetzt erst 3 bis 7' tiefe, aber bereits vom Mittelmeer gespeiste Rinne ausgehoben, welche später durch

Baggermaschinen bis auf 24' vertieft werden soll, um Schiffen von 2000 Tonnen den Durchgang zu gestatten. Gleichzeitig hat man von der an einem Seitenarme des Nils gelegenen Stadt Zagaziz, unter theilweiser Benutzung der Reste des das Wabi Tumilat durchschneidenden Trajans-Canals einen Süßwassercanal bis zum Timsah-See und von dort parallel mit dem Durchstich in südöstlicher Richtung nach Suez geführt. Auch die Erdarbeiten auf der letzten Strecke von den Bitter-Seen bis nach Suez, wo der Canal durch harte Felsen gesprengt werden mußte, sind vollendet, so daß mithin die von Herrn v. Lesseps auf das Ende des Jahres 1869 versprochene Eröffnung der 86¼ Seemeilen langen Wasserstraße in Aussicht stehen dürfte, wenn es gelingt, die noch fehlenden Millionen aufzubringen, um derselben die für größere Schiffe erforderliche Tiefe zu geben, die begonnenen riesigen Hafenbauten bei Port Said und Suez zu vollenden und endlich die Erhaltung der Anlagen so lange bestreiten zu können, bis die Durchgangsgebühren die Erhaltungskosten zu decken im Stande sind. Bereits erhebt sich auf öder Düne das in wenigen Jahren zu einer Stadt von 12000 Einwohnern emporgeblühte Port Said, wo durch einen aus künstlichen Felsblöcken geschaffenen, 3800 Meter in das Meer hinausragenden Damm, so wie durch eine zweite schräg gegen die Hafenmündung erbaute Mole der flache Meeresgrund in einen großartigen Hafen umgewandelt werden soll; bereits sind in öder Wüste längs der Tracirung des Canals eine Reihe von Arbeiterstädten, wie Ismailia mit 8000 und El Aech mit 2000 Einwohnern entstanden, und Suez, als Endpunkt der Eisenbahn und des Canals beginnt bereits mit seinen stattlichen Comptoirs und Hotels seinen arabischen Charakter abzulegen. Hoffen wir, daß der Erfolg den Erwartungen, welche man an die Vollendung des Canals knüpft, entsprechen möge, und daß nicht das Mißlingen der Idee, den oceanisch-asiatischen Welthandel auf mediterrane Bahnen zu concentriren, die so schnell entstandenen Schöpfungen dem Verfall preisgeben möchte.

Verlassen wir nunmehr die Wüste, wo auf allerdings nur schmaler Bahn ein neues Culturleben zu erstehen beginnt. Nicht das langsam sich dahin bewegende Schiff der Wüste, das Dampfroß vielmehr führt uns auf einer Eisenbahn mit Windesschnelle durch eine wasserlose Einöde zur Hauptstadt Aegyptens, zu jenem gewaltigen Strome, von dessen fruchtbaren Uferrändern riesige Steinmonumente als Zeugen der ältesten Stätten menschlicher Cultur zu uns herabschauen. Noch heute bietet das Nilthal, welches schon Herodot als ein Geschenk des Flusses bezeichnet und das seine unerschöpfliche Fruchtbarkeit dem seit Jahrtausenden regelmäßig sich erneuernden Naturproceß des werkthätigen Stromes verdankt, in seinem physischen Charakter dasselbe Bild dar, wie in fernster Vergangenheit. Soviel Völkerschaften auch im Laufe der Zeiten die schmalen, von Wüstensand und kahlen Felsmassen eingesäumten Ufer besetzt haben, soviel Reiche auch der Fluß an seinen Ufern entstehen und zerfallen sah, alle verdanken ihren Wohlstand ausschließlich der weisen Benutzung der vom heiligen Strome gespendeten Wohlthaten. Jenes großartige, vom Steigen und Fallen des Nils abhängige Irrigationssystem schuf die Blüthe des Pharaonenreiches, der Dynastie der griechisch-ägyptischen Könige, machte Aegypten zur Kornkammer des römischen Reiches und zum Ernährer einer mindestens dreifach so starken Bevölkerung, als das Nilthal gegenwärtig ernährt, und diese Schöpfungen des Alterthums wußte das Chalifenreich zu behüten. Erst die Mameluken- und später die Türkenherrschaft ließen die segensreichen Ueberlieferungen der Vorfahren theilweise verfallen. Die Erpressungen der Statthalter, die fortwährenden inneren Kämpfe, deren Zeuge Jahrhunderte lang das Nilthal gewesen, decimirten die Einwohnerschaft und raubten dem Lande die Kräfte, um dem langsam fortschreitenden, alle Cultur für immer vernichtenden Wüstensande einen Damm entgegenzusetzen, der Versandung der den Wohlstand Unterägyptens bedingenden Nilarme kräftig entgegenzuarbeiten. Und dennoch hat, trotz der Indolenz der türkischen Regierung, welche erst seit einigen Decennien den vergeblichen Widerstand gegen die Einwirkungen europäischer Cultur aufgegeben und durch Abdämmungen und Canalisirungen, weniger aus väterlicher Fürsorge für ihre Unterthanen, als zur Bereicherung des eigenen Säckels, die Productionskraft des Landes zu vermehren begonnen hat, Aegypten nicht aufgehört, eine segenspendende Quelle für das Abendland zu sein. Haben wir es doch noch vor wenigen Jahren erlebt, daß das im Schmuck üppiger Getreidefelder prangende Nilthal in Folge des amerikanischen Bürgerkrieges sich mit wogenden Baumwollenpflanzungen bedeckte, deren reiche Erträge die über die abendländische Industrie hereingebrochene Calamität weniger fühlbar machten. Das mit eben so großer Schlauheit als Consequenz von Mehemed Ali und seinen Nachfolgern durchgeführte Streben, sich der Herrschaft des Sultans zu entziehen, fand bei den um den Einfluß auf die orientalischen Verhältnisse rivalisirenden Großmächten Europa's hinlängliche Nahrung. Aegypten als die Pforte des Welthandels dreier Erdtheile mußte, wollte es anders aus der durch den Islam geeinigten Kette von Reichen als selbstständiges Glied sich ablösen, den Einflüssen europäischer Civilisation sich öffnen, es mußte europäischen Institutionen Eingang verschaffen und, da die durch jahrhundertlange Knechtschaft zu Boden gedrückten Bewohner sich zur Durchführung dieser Reformen nicht allein vollkommen untauglich zeigten, sondern auch die Hebung der geistigen Interessen der eigenen Unterthanen wohl keinesweges dem türkischen Despotismus entsprach, mit fremden Kräften diese Reorganisation ins Leben gerufen werden. So wurden europäische Institutionen nach Aegypten verpflanzt, Europäer aller Nationen an die neubegründeten Bildungsanstalten als Lehrer, für die großen industriellen Unternehmungen als Leiter berufen, und je nach dem Einfluß, welchen diese Männer auf die Person des Vicekönigs ausübten, fügte sich die ägyptische Regierung den Strömungen der Politik bald der einen, bald der andern Großmacht. So entstand auf dem durch die gegenseitige Eifersucht der Großmächte gleichsam neutral erklärten Boden Aegyptens ein Zwitterding europäischer Civilisation, die aber das Gute mit sich brachte, daß der Europäer unter dem Schutz der ägyptischen Regierung sowie der Vertreter der Großmächte hier eine gesicherte Stellung einnimmt, daß dieses Land mit seinen unschätzbaren Monumenten der Forschung zugänglich geworden ist, und daß Aegypten gleichsam zur gesicherten Basis für jene Reisen geworden ist, welche den Erforschungen der Quellen des Nils und seiner Zuflüsse sich zugewandt haben.

Der Kanonendonner jener Schlacht, welche Buonaparte am Fuß der Pyramiden von Gizeh schlug, zerriß den Nebelschleier, welcher die altägyptischen Denkmale umgab; bot doch das untere Nilthal der antiquarischen Forschung eine fast reichere Fundgrube, als sämmtliche anderen unter türkischer Botmäßigkeit stehenden Länder, in denen griechische Classicität sich zur schönsten Blüthe entfaltet hatte. Dazu kam, daß die Monumente hier sich in einem verhältnißmäßig intacteren Zustande befanden, als in anderen Ländern; denn während bei den Riesendenkmalen Central-Amerika's eine üppig wuchernde Tropenvegetation die gewaltigen Steinquadern aus ihrer ursprünglichen Lage gerückt hatte, während auf römischem und griechischem Boden die im Bereich der mediterranen vulkanischen Thätigkeit liegenden Monumente zu nicht geringem Theil durch Erdbeben zusammengestürzt sind, haben sich in der fast regenlosen Zone des Nilthals die gleichsam als Wächter der Cultur am Wüstensaum errichteten Denkmale, bedeckt oder halb vergraben von dem leicht beweglichen, trockenen Wüstensande, ungleich besser erhalten, und wenn auch hier wie anderwärts die aus den Trümmerfeldern entführten Werkstücke seit Generationen zu Neubauten benutzt worden sind, wenn auch die Raubgier sich Wege zur Plünderung der in den Pyramiden und Nekropolen geborgenen Schätze zu bahnen wußte, so hat sich doch ein unschätzbares Material diesen Unbilden entzogen, aus welchem durch den Scharfsinn der Aegyptologen die großartigsten Resultate für Geschichte und Ethnographie gewonnen worden sind. Jener unscheinbare Stein von Rosette hatte mit seiner in gleichlautenden hieratischen, demotischen und griechischen Charakteren verfaßten Inschrift den Schlüssel zur Entzifferung der ägyptischen Geheimschrift geliefert. Mit diesem Schlüssel hatte Champollion den Sinn der auf Steinmonumenten und Papyrusrollen überlieferten Urkunden zu erschließen begonnen, spätere Entdeckungen, wie die des bilinguen Denkmals von Philae und des Dekrets von Kanopus, hatten die Richtigkeit der Lesung bewahrheitet, und die streng philologisch gebildete Schule deutscher Archäologen, eines Lepsius und seiner Schüler Brugsch und Dümichen, denen Rosellini, Birch, die französischen Gelehrten Rougé, Chabas und der durch französischen Einfluß bevorzugte und für seine Ausgrabungen von der ägyptischen Regierung monopolisirte Sammler Mariette würdig zur Seite traten, wurden zu Schöpfern einer neuen Aera für die ägyptische Alterthumskunde. Planmäßig auszugraben hatte man begonnen, die Regierung selbst hatte dem von Dilettanten häufig in barbarischer Weise geübten Raubbau auf Alterthümer Einhalt gethan; man begnügte sich nicht mehr mit der Untersuchung und Zeichnung der oberhalb des Erdbodens sichtbaren Monumente, sondern befreite ihre Basen von dem sie umgebenden Wüstensande, zog zahlreiche für die Alterthumskunde wichtige Denkmale aus verborgener Tiefe ans Tageslicht, und die reichen Schätze, welche diese Funde für die archäologischen Sammlungen Europa's, sowie für das von den Vicekönigen in Bulak angelegte Museum lieferten, kamen hier in ihrer Bedeutung für Wissenschaft und Kunst erst zur rechten Geltung.

Und welches sind nun die Hauptresultate, welche aus dem Studium dieser Alterthümer bis jetzt gewonnen sind? Während noch vor wenigen Decennien in unseren geschichtlichen Lehrbüchern die Uranfänge der Geschichte Aegyptens in das zweite Jahrtausend vor unserer Zeitrechnung gesetzt wurden, während es früher nicht möglich war, die Erbauungszeit jener vom Delta bis tief in Nubien hineinreichenden Denkmale historisch zu fixiren, sind die entzifferten Inschriften auf diesen Monumenten, ebenso wie die Papyrusurkunden zu redenden Zeugen geworden, zu denen die bildlichen, die Wände der Tempel, Paläste und Nekropolen bedeckenden Darstellungen gleichsam die Illustrationen liefern. Schritt für Schritt können wir jetzt die Erbauungszeit der Monumente verfolgen, welche zwischen Luksor, Karnak, Kurnah und Medinet Habu sich als Reste des alten Thebä erhalten haben, wir verstehen jetzt die historische Bedeutung jener von Nubien bis Kleinasien verbreiteten Denkmale, durch welche die Pharaonen ihre kühnen Eroberungszüge der Nachwelt verkündeten, wir haben für die Geschichte aus der von Dümichen entdeckten und entzifferten Königstafel von Abydos eine vom König Sethos aufwärts bis zu jenem in das Dunkel der Mythe sich verlierenden König Menes reichende Herrscherreihe von 65 Königen gewonnen, einen Stammbaum, der uns vielleicht bis vier Jahrtausende vor unserer Zeitrechnung zurückführt; wir haben endlich gelernt, die Erbauungszeit der Pyramiden in eine etwa um 1000 Jahre frühere Periode, in das dritte Jahrtausend v. Chr., zu verlegen, in eine Zeit, wo also bereits vor der Jahrhunderte dauernden Occupation des Nilthals durch die unter dem Namen der Hyksos bekannten asiatischen Nomadenvölker in Aegypten geordnete staatliche Verhältnisse und ein hohes Culturleben bestanden, welche die Anlage dieser colossalen Monumente allein ermöglichten. Eben so reich aber ist die Ausbeute für Ethnographie und Geographie. Länder-, Völker- und Städteverzeichnisse nicht allein des alten Aegyptens, sondern auch von Reichen, welche mit den Aegyptern in freundschaftlicher oder feindlicher Beziehung standen, oder ihnen zeitweise tributär waren, lernen wir durch die Inschriften kennen, und die Conjecturalkritik hat bereits mit mehr oder minder glücklichem Erfolge diese Namen mit den aus anderen Quellen uns überlieferten zu identificiren gesucht. Eine ebenso ergiebige Fundgrube sind aber auch die ägyptischen Wandmalereien für die Veranschaulichung des täglichen Lebens. Ackerbau und Fischfang, das gewerbliche Treiben, der gesellige Verkehr, triegerische Scenen, gottesdienstliche Handlungen, Todtenbestattungen und Todtengerichte werden uns hier vor die Augen geführt, und seitdem durch Dümichen eine dem 17. Jahrhundert vor unserer Zeitrechnung angehörende Darstellung der Flotte einer ägyptischen Königin veröffentlicht worden ist, welche Arabiens Schätze nach Aegypten überzuführen bestimmt war, sind wir auch in ein Stück altägyptischen Handelslebens eingeweiht worden.

Wie schon angedeutet, concentriren sich aber jene alten culturhistorischen Monumente nicht blos auf den schmalen oasenartigen Streifen, welchen der Nil von seinen Katarakten bei Assuan bis zu seiner Mündung geschaffen hat, sie lassen sich vielmehr weit nach Süden hin bis in das Herz des Sudan hinein verfolgen. In gewaltiger Krümmung zwischen der Koroskowüste und Bajudasteppe rollt hier der Nil seine Wassermassen bald durch eingeengte Thalspalten, bald in breiteren, durch großartige Stromschnellen unterbrochenen Einsenkungen, und in diesem schmalen, oft nur einige hundert Schritte culturfähigen Bodens bietenden Flußthale, welches da, wo die Bergketten dem Vordringen des Wüstensandes keinen Widerstand leisten, häufig von der Wüste, an anderen Stellen durch die unmittelbar an den Fluß herantretenden Steilabfälle der Felsenketten unterbrochen wird, erinnern unzählige Tempelruinen, Pyramidenreihen und Felsengräber an die von ägyptischen Königsdynastien begründeten und bis in die fernste Römerherrschaft bewahrten Beziehungen des oberen Nilthals zum unteren. Sie sind die ältesten Zeugen der Machtausdehnung Aegyptens nach außen hin unter Amenemha I. und Sesortosis I., jenen beiden Pharaonen, welche durch die Vereinigung der beiden Königreiche von Memphis und Theben die staatliche Einheit Aegyptens zuerst begründet hatten, und diese von den alten Dynastien begonnene Herrschaft über das Stromthal wurde nach der Vertreibung der Hyksos bis nach Dongola und unter Sethos und Rhamses II. wahrscheinlich bis tief in den Sudan hinein ausgedehnt. Der Höhlentempel bei Deir, die gewaltigen Felsenbauten von Abu Simbel, Alt-Dongola's Ruinen, die Pyramiden und Nekropolen von Napata am Fuße des Djebl Barkal und die Pyramidenreihen in der Nähe von Schendi, sie alle mahnen in ihrer Großartigkeit, in ihrer ernsten Würde, in ihrer trostlosen Verlassenheit an eine längst verschwundene große Zeit. Dreitausend Jahre waren seitdem verflossen, als wie-

derum die ehrgeizigen Pläne eines Beherrschers Aegyptens eine
Vereinigung beider Reiche herbeiführten. Sennaar's weidereiche
Niederungen, das fruchtbare Kordufan, die Goldminen von
Fazogl, die reichen Erträge des Sklaven-, Elfenbein- und Gummi-
handels, das waren die verlockenden Motive, welche den Vice-
könig Mehemed Ali zu jenem Kriegszuge nach dem Sennaar ver-
anlaßten, welchem die Vernichtung der letzten Reste der nach
Dongola geflüchteten Mamelucken nur als nichtiger Vorwand
galt. Bekannt ist der Erfolg dieses Feldzuges, bekannt sind
die ruhmlosen Siege, welche die mit Feuerwaffen versehenen
ägyptischen Truppen gegen die schlechtbewehrte Bevölkerung
des Sennaar erfochten, die Grausamkeiten, mit welchen die Sie-
ger ihre Eroberungen bezeichneten, sowie endlich das furchtbare
Ende, welches Melik Nemir bei der Stadt Schendi dem Is-
mael Pascha im Jahre 1822 bereitete. So wurden das eigentliche Nubien, Kordufan und das Sennaar bis zu den Grenz-
mauern des abyssinischen Hochlandes nach und nach mit Aegypten zwar vereinigt, ohne daß es aber bis jetzt gelungen wäre,
die reichen Hülfsquellen dieser gewaltigen Länderstrecken segens-
reich zu verwerthen. Das von Mehemed Ali am Zusammen-
fluß des blauen und weißen Nil als Centralhandelsplatz ge-
gründete Chartûm, sowie die aus ihrer Vergessenheit zu einer
Scheingröße erhobenen älteren Stapelplätze am Nil und seinen
abyssinischen Zuflüssen wurden die Zwingburgen, von denen
aus die ägyptischen Gouverneure mit ihrer rohen Soldateska
die großartigsten Erpressungen verübten, Felder und Ortschaf-
ten zur Eintreibung rückständiger Abgaben plünderten und da,
wo Empörungen einzelner weniger indolenter Stämme gegen
das unmenschliche Rekrutirungssystem der Aegypter stattfanden,
die Bevölkerung niedermetzelten oder als Sclaven forttrieben.
Diesem legalisirten Menschenraub gesellten sich die von der Regie-

rung stillschweigend gebilligten Sclavenjagden hinzu, für welche sowohl die am Unterlauf des weißen Nils von heidnischen Negerstämmen bewohnten Gebiete als auch die südwärts von dem als Hauptsclavenmarkt berüchtigten Gondokoro am Bahr-el-Djebel gelegenen stark bevölkerten Negerreiche die reichsten Jagdgründe boten, und wenn auch durch die Einwirkungen europäischer Humanität der offene Sclavenhandel gelähmt ist, so blüht nichts destoweniger der von schlauen Händlern, zu denen leider Europa ein nicht unbedeutendes Contingent stellt, betriebene Schmuggelhandel mit dieser vielbegehrten Waare auf der scheinbar streng bewachten Nilstraße fort.

Trotz dieser ungeordneten politischen und demoralisirten Zustände Nubiens findet aber der Europäer, den Handel oder Forschungstrieb in jene Gegenden führen, Schutz bei der ägyptischen Regierung, ja sie scheint es zu begünstigen, daß durch europäische Forschungen jene unbekannten Länderstrecken erschlossen werden; ließ sich doch Mehemed Ali auf seiner zu Anfang der vierziger Jahre unternommenen zweiten und dritten Reise nach dem Süden, wenn auch nur aus Schmeichelei für europäische Civilisation, von europäischen Ingenieuren und Gelehrten, unter denen sich auch ein Deutscher, der Dr. Werne befand, begleiten.

Der Europäer, welcher von Assuan aus südwärts über den Wendekreis des Krebses zur Erforschung der Nilländer vordringt, und der langwierigen, nur bei Hochwasser überhaupt möglichen und selbst dann auch noch immer wegen der Katarakten höchst gefährlichen Fahrt auf dem in gewaltigem Bogen gegen Westen sich krümmenden Nil, den kürzeren Weg durch die Wüste Korosko vorzieht, lernt hier auf einem zehntägigen Wüstenmarsch den Charakter Nordnubiens kennen. Zahllose isolirt dastehende, mit schwärzlichem Getrümmer überdeckte

Kegelberge erheben sich auf dem kiesigen, vegetationslosen, von sanderfüllten Erdspalten durchfurchten Boden, auf dem nur ein einziger Brunnen brackigen Wassers den Kamelen einige Nahrung zu spenden vermag, wo aber die von der Sonnengluth gebleichten Knochen verschmachteter Menschen und Thiere den Reisenden an jenes furchtbare Loos mahnen, welches von Kambyses bis auf die neueste Zeit Tausende zur Bezwingung Aethiopiens herbeiziehende Krieger hier ereilt hat. Und wiederum führt uns unser Weg bei Abu Hamed zu den Ufern des heiligen Stromes. Aber noch zeigen seine Ufer die Sahara-Formation, noch rollen seine Wogen in schmalen, von sterilen Felsenufern scharf eingegrenzten Bahnen, noch beschränkt sich die Vegetation auf die Handbreit Erde, welche eine dünngesäete Bevölkerung dem Flußthal abgewonnen hat, noch trägt ringsum die Gegend den Charakter der Wüste, wo nur in einzelnen Einsenkungen und Felsspalten, genetzt von den selten in diese Oeden sich verirrenden Regenschauern, dem Boden eine kurzlebige Pflanzendecke entkeimt. Wenn wir aber weiter nach Süden vordringen, beginnt der Charakter der Gegend ein anderer zu werden. Wir überschreiten die Nordgrenze der tropischen Regen, wo bereits, zwar nur für kurze Zeit, aber regelmäßig wiederkehrende Sommerregen den Wüsten-Charakter mehr und mehr verschwinden lassen, wo die Wüste zur Steppe wird. Und je mehr wir uns dem Punkte nähern, wo die Vereinigung der beiden großen Ströme, des von den Abhängen der abyssinischen Alpen in gewaltigem Bogen herabströmenden und durch zahllose Zuflüsse gespeisten Blauen Nil und des auf noch unerforschter äquatorialen Gebirgskette entspringenden Weißen Nil stattfindet, je mehr wir in die dem regelmäßigen Wechsel der Jahreszeiten unterworfenen Zonen vordringen, um so mehr treten die charakteristischen Merkmale der Steppenlandschaft an uns heran. So weit das Auge über die nur von wenigen und vereinzelten abgerundeten Bergkuppen und Höhenzügen unterbrochenen endlosen Ebenen zu schweifen vermag, bedeckt, sobald der humusreiche Boden von den Regenmassen gesättigt und die in ihm schlummernde Zeugungskraft unter den Strahlen der Sonne zu neuem Leben erwacht ist, eine üppige, in saftigem Grün prangende Savannenvegetation die Gefilde. Ebenso ändert sich die Scenerie unmittelbar an den Ufern des Nils, je weiter wir denselben stromaufwärts verfolgen. Befreit von jenen, seinen Lauf hemmenden Stromschnellen und Katarakten, rollt der Fluß seine Fluthen zwischen niedrigen, wenig markirten Ufern, zahlreiche in frischem Grün wohlgepflanzter Gartenanlagen prangende, oder mit Schilfgestrüpp bedeckte Inseln umschließend, während unabsehbares Röhricht und Schilfdickicht, der Aufenthaltsort von Milliarden buntbefiederter Sumpf- und Wasservögel, die Stelle seiner Ufer bezeichnet. Zu einer undurchdringlichen Mauer verschlungen überwuchern grüne Wasser- und Schlingpflanzen die aus seichter Tiefe hervorragenden Sträucher, zwischen denen schattenspendende Mimosen, Tamarinden und Sykomoren, hier einzeln, dort reihen- und gruppenweise und nicht selten kuppelartig von den Schlinggewächsen überzogen, mit ihren Blattkronen emporstreben. Freilich nur dünngesäet ist die Bevölkerung, welche hier am Rande des segenspendenden Stromes ihre Wohnsitze aufgeschlagen hat, nur hier und da blicken elende Negerhütten und Anpflanzungen von den sanft ansteigenden Erhöhungen herab, denn die Furcht vor den Ueberfällen der Sclavenjäger läßt sie die heimathlichen Stätten fliehen.

Wir sind somit den Ufern des Nil stromaufwärts bis zum 9° N. Br. gefolgt, bis zu der merkwürdigen Stelle, wo von Süden her der Bahr-el-Djebel (fälschlich Bahr-el-Abiad genannt) sich in den No-See ergießt, und wo von Westen her durch eine unabsehbare Sumpflandschaft der vielverzweigte Bahr-el-Gazhâl seinen Wasserreichthum dem No-See und durch diesen dem weißen Nil mittheilt. Welcher dieser beiden Ströme führt uns nun zu den Nilquellen, sind überhaupt die Quellen dieser beiden Stromsysteme schon so hinreichend bekannt, daß wir befugt wären, die zweitausendjährigen Hypothesen über den Ursprung des Nil als gelöst zu erklären, und dürfen wir in den von England zu uns herüberschallenden Freudenruf, daß die Nilquellen endlich entdeckt seien, so unbedingt einstimmen? Ja, mit kühner Hand ist der mysteriöse Schleier, der die Nilquellen verhüllt, gelüftet worden; aber die Antwort, welche jener ägyptische Oberpriester dem Julius Cäsar ertheilte: „kein Zeitalter soll noch der Zukunft diese Kenntniß hinterlassen, denn bisher siegte noch immer die verbergende Natur", hat theilweise noch immer ihre Berechtigung. Wollten wir hier auf die Aufzeichnungen, welche die Geographen des Alterthums und des Mittelalters uns hinterlassen haben, näher eingehen, würde es uns zu weit führen. Hier genüge deshalb nur die Andeutung, daß bereits der Alexandrinische Geograph Ptolemäus von zwei äquatorialen Seen spricht, welche der Nil in seinem Oberlaufe durchströmen sollte, und daß die arabischen Geographen des Mittelalters nicht nur aus griechischen Quellen geschöpft haben, sondern auch jedesfalls den mündlichen Ueberlieferungen arabischer Kaufleute, welche die damals überaus lebhaften Handelsverbindungen der Küste des indischen Oceans mit den südsudanischen Negerstämmen in das Innere Afrika's geführt hatten, gefolgt sind. Auf diesen Angaben basirend, füllten sich die Karten Afrika's aus dem 16. bis 18. Jahrhundert mit einem wunderbar gezeichneten, tief in Südafrika hineingreifenden Stromsystem des Nil, bis endlich die Kritik unseres Jahrhunderts alle jene Phantasiegebilde von den Karten verbannte und es vorzog, Inner-Afrika nur soweit, als es wirklich erforscht war, chartographisch darzustellen, alle übrigen Theile aber als tabula rasa für spätere Entdeckungen offen zu lassen.

Zwei Wege waren es nun, auf welchen in den letzten drei Decennien die Erforschung des Oberlaufs des Nils angebahnt wurden; der eine von Norden südwärts durch die Uferlandschaften des weißen Flusses, also gleichsam auf den von der Natur vorgezeichneten Bahnen, der andere von Südosten her, nur den unsicheren Erkundigungen arabischer Händler und Eingeborener folgend. Beide Erforschungen führten zu wichtigen, einander ergänzenden, aber noch keinesweges abgeschlossenen Resultaten, und beide werden wir in ihren Hauptphasen uns jetzt zu vergegenwärtigen haben.

Als in den Jahren 1840—42 von Mehemed Ali jene bereits obengedachten drei Expeditionen zur Erforschung des Oberlaufes des Nil von Chartûm aus stromaufwärts unternommen wurden, waren auf den beiden letzten Expeditionen die französischen Ingenieure Arnaud, Thibaut und Sabatier, denen unser Landsmann Werne sich angeschlossen hatte, mit der wissenschaftlichen Leitung des Unternehmens betraut worden. Diesen Männern verdanken wir die ersten Aufnahmen und Aufschlüsse über den Lauf des weißen Nils südwärts von Chartûm bis zu seiner Vereinigung mit dem Gazellen-Fluß und darüber hinaus bis zum 4° 42′ N. Br., wo eine den Fluß quer durchsetzende Barre die ägyptische Flottille zur Umkehr zwang. Ueberraschend waren in der That die Resultate dieser Expeditionen, und man glaubte damals so sicher an die Entdeckung der Nilquellen, daß unser unvergeßlicher Karl Ritter im Jahre 1844 schreiben konnte (Ein Blick in das

Nil-Quellland. Berlin 1844. S. 64.): „es ist unbegreiflich, wie gewisse, freilich nur aus der zweiten und dritten Hand gekommene Erzählungen noch immer das Nichtauffinden der Quellgebirge wiederholen können". Ja, man ging so weit, die von den Mitgliedern jener Expedition in der Ferne gesehenen Bergketten nicht allein als das Quellgebiet des Nils mit dem Ptolemäischen Mondgebirge zu identificiren und dasselbe auf den damals erschienenen französischen und deutschen Karten unter dem 5° N. Br. niederzulegen, sondern sogar die Sumpfniederungen des No-See und Gazellen-Flusses als die von den griechischen und arabischen Geographen erwähnten Nil-Seen zu bezeichnen. Wie sollte sich aber schon nach wenigen Jahren auch hierin wiederum unsere Anschauung ändern! Der nächste Anstoß zur Förderung unserer Kenntniß des oberen Nilgebietes ging von den Küsten des indischen Oceans aus, und wie bei jenen von Norden her unternommenen Nil-Expeditionen unser Landsmann Werne rühmlich hervortrat, erschienen auch von Südosten her zwei deutsche Männer als die ersten Pioniere der geographischen Wissenschaft auf diesem noch gänzlich unbekannten Terrain. Krapf und Rebmann, zwei Missionare, die das Loos so mancher ihrer auf afrikanischem Boden auftretenden Brüder darin theilen, daß ihr Name weniger in der Geschichte der Mission, als auf dem Gebiete geographischer Entdeckungen erglänzt, waren es, welche auf ihren Bekehrungsreisen von Mombas aus in westlicher und nordwestlicher Richtung während der Jahre 1847—51 in bisher noch völlig unerforschte Gegenden vordrangen; sie brachten die erste sichere, vorher und selbst später noch lange angezweifelte Kunde über die Existenz der äquatorialen Schneeberge, des Kenia und Kilimandjaro, heim, sie hatten endlich auf ihren mühevollen Wanderungen in das Gebirgsland Dschagga und in das Königreich Kambani von den Eingeborenen sichere Erkundigungen über gewaltige gegen Westen zu liegende Seebecken eingezogen, und diese Nachrichten wurden zur Basis einer Reihe der glänzendsten Entdeckungen unsers Jahrhunderts. Den Reigen derselben eröffnete Richard Burton, Kapitain in der indischen Armee, ein Mann von dem kühnsten Unternehmungsgeiste, der, ein zweiter Burckhardt, früher schon in der Verkleidung eines Pilgers das Grab des Propheten betreten hatte, der durch das Somali-Land unter den größten Gefahren bis zu der vor ihm noch von keinem Europäer besuchten Handelsstadt Harar vorgedrungen war, der endlich im Jahre 1855 im Verein mit den englischen Offizieren Speke, Herne und Strogan bei einem verunglückten Versuche, von Berbera an der Somali-Küste Zanzibar zu erreichen, schwerverwundet mit dem gleichfalls verwundeten Speke in wunderbarster Weise dem Tode entronnen war. Kaum hergestellt von ihren Wunden, sehen wir diese beiden unerschrockenen Reisenden wiederum auf Ost-Afrika's unwirthlicher Küste erscheinen, und gestützt auf die Angaben jener deutschen Missionare, von Zanzibar durch das niedere Küstenland, dann über die gebirgige Terrassenlandschaft in westlicher Richtung auf dem Hochplateau bis zu dem mächtigen, circa 60 Meilen langen und 10 Meilen breiten Udschidschi- oder Tanganjika-See vordringen. Doch nicht die Entdeckung dieses inmitten einer fruchtbaren und reichbevölkerten Gegend liegenden Seebeckens sollte die einzige Frucht dieser Reise sein, sondern es war auch die Auffindung des dem Anschein nach bei weitem größeren Ukerewe-Sees oder Victoria Nyanza, dessen Ufer Speke in nordöstlicher Richtung vom Tanganjika am 30. Juli 1858 betrat, und aus dem nach Aussagen der Araber und Eingebornen der Nil in nördlicher Richtung ausströmen sollte. Diese großartige Entdeckung weiter zu verfolgen, trat Speke in Begleitung seines Freundes Grant am 1. Oktober 1860 zum zweiten Male seine gefahrvolle Wanderung zu den Ufern des Victoria Nyanza an, reichlich unterstützt mit Mitteln der englischen Regierung, welche gleichzeitig den durch seine mannigfachen Kreuz- und Querzüge im Hoch-Sudan mit den dortigen Verhältnissen vollkommen vertrauten Engländer Petherik beauftragte, in Gondokoro sowie an anderen geeigneten Punkten in den Uferlandschaften des Bahr-el-Djebel durch Anlage von Depots den von Süden kommenden Reisenden hülfreiche Hand zu bieten — ein Auftrag, dessen sich dieser durch seine ziemlich zweideutigen Handelsgeschäfte in afrikanischen Begriffen von Ehrlichkeit gewiegte Brite in der Art erledigte, daß er die für diesen Zweck in England durch Subscription gesammelten Beiträge anderweitig verwandte.

Speke's Expedition gehört unstreitig zu einer der kühnsten und gefahrvollsten, die je auf Afrika's Boden ausgeführt worden sind. Trotz der von der englischen Regierung gewährten Mittel, bildet diese Reise eine Kette von Entbehrungen und Leiden: täglich sich wiederholende Flucht der als Träger gemietheten Eingeborenen, Beraubungen, Erpressungen und Intriguen seitens der Negerfürsten, deren Gebiet die Reisenden durchziehen mußten, und durch welche sie hier zur Umkehr gezwungen, dort oft monatelang an der Fortsetzung ihrer Reise gehindert wurden, endlich Krankheiten und Mangel. Wiederum zogen die Reisenden zuerst in westlicher Richtung nach dem auf ihrer ersten Reise bereits besuchten Handelsort Kazeh im Reiche Unyanyembe, von dort jedoch nicht auf der früher gewählten Straße, sondern auf einer mehr westlichen, nordwärts zum Victoria-Nyanza, dessen westliche und nördliche Ufer sie berührten. Nach Ueberschreitung mehrerer vom See nach Norden strömenden Gewässer fuhren sie auf einem derselben, in welchem sie den Nil zu erkennen glaubten, bis zu einer Stelle, wo Wasserfälle (Korumbafälle) die Schifffahrt unmöglich machten, und hier begingen die Reisenden den Fehler, daß sie, anstatt dem in weitem Bogen nach Westen sich krümmenden Flußlauf zu folgen, in einer Sehne diesen Bogen abschnitten, ein Fehler, welcher den während einer 2½ jährigen Wanderung hart geprüften Reisenden wohl zu verzeihen ist, da der gerade Weg sie um so rascher ihrem nächsten Zielpunkte, Gondokoro, zuführte. Freilich wurde uns dadurch die Hoffnung geraubt, über die in jenes Seebecken fließenden und ihm entströmenden Gewässer, namentlich über den Austritt des als weißen Nil bezeichneten Stromes Genaueres zu erfahren. Nur an drei Punkten, an der Südspitze, am nordwestlichen und nördlichen Rande hatte Speke den Victoria Nyanza gesehen; seine Ausdehnung nach Osten hin, seine Gestalt, seinen fraglichen Zusammenhang mit dem im Osten liegenden Baringo-See bleibt mithin für jetzt ebenso hypothetisch, wie die Annahme, daß er die Quelle des weißen Nils bilden soll. Vielmehr ist anzunehmen, daß der See von Süden und Osten her, vielleicht von dem Keniagebirge aus durch zahlreiche Zuflüsse gespeist werde, und daß nach Norden hin verschiedene Abflüsse zu einem Hauptstrom sich vereinigen dürften, welchen wir als den weißen Nil, oder richtiger gesagt, als den Bahr-el-Djebel bezeichnen können.

Ein Gleiches gilt aber auch von dem zweiten, westlich von diesem See gelegenen großen Seebecken, dem Luta N'zige oder Albert Nyanza, dessen Entdeckung in unerwarteter Kürze folgen sollte. Es waren nämlich, um den Engländern Speke und Grant hülfreiche Hand zu leisten, von Norden her zwei Expeditionen von Chartûm aus den weißen Nilstrom aufwärts bis Gondokoro gezogen: die erste unternommen von der Holländerin Fräuein Alexine Tinne in Begleitung ihrer Mutter und Tante, welche in ihrer Blasirtheit mit den europäischen Verhältnissen, Afrika's Wildnisse sich erkoren hatte, um dort in abenteuerlichen Kreuz- und Querzügen die enormsten Summen ihren Launen zu opfern. Die Unmöglichkeit, mit ihrem Dampfer die Stromschnellen zu passiren, der Mangel an jeglichen Nachrichten über Speke und Krankheiten zwangen aber diese Damen zur Rückkehr nach Chartûm. — Glücklicher und jedenfalls für die Wissenschaft von großen Erfolgen begleitet, war die andere Expedition, welche Samuel Baker gleichfalls auf eigene Kosten zur Unterstützung seines Freundes Speke unternahm. Nachdem derselbe in Begleitung seiner Gattin während der Jahre 1861 und 1862 die reichen Jagdgründe des Atbara und Blauen Nil bis zu den Abhängen der abyssinischen Gebirge durchstreift und hier seiner Geschicklichkeit im edlen Waidmannswerk durch romantische Kämpfe mit den Thieren des Waldes, der Steppe und der Flüsse Genüge gethan hatte, war er im December des Jahres 1862 zu Schiffe von Chartûm nach Gondokoro aufgebrochen, jenem als Centrum sudanischen Sclaven- und Elfenbeinhandels bekannten Verkehrsplatze, an dem schon 12 Jahre früher zur Unterdrückung des Menschenhandels eine Mission durch den Pater Knoblecher begründet worden war, der aber, ebenso wie den meisten anderen Stationen im Sudan, durch die in ihrem schändlichen Gewerbe beeinträchtigten Sklavenhändler die Möglichkeit einer wirksamen Existenz entzogen war. Hier war es nun, wo Baker am 15. Februar 1863 den heimkehrenden Speke und Grant antraf und mit seinen reichen Vorräthen die rasche Heimkehr derselben ermöglichte, und hier war es, wo Baker, gestützt auf die Nachrichten Speke's, daß im Westen des Reiches von Unyoro ein zweiter großer Nil-See, der Luta N'zige liegen sollte, den Entschluß faßte, denselben zu erforschen. Aehnlich allen anderen afrikanischen Expeditionen war auch die Baker's, die ihn gerade durch diejenigen Theile des Sudan führte, wo durch die Greuelthaten entmenschter Sklavenjäger blühende Landstriche zu Einöden verwandelt waren, wo eine durch Raub und das Schwert decimirte Bevölkerung mit den militärisch disciplinirten, unter einander oft selbst in Feindschaft lebenden Banden der Menschenjäger in blutigen Kämpfen lag, wo das Erscheinen selbst eines einzelnen Europäers hinreichte, den Argwohn der Eingebornen zu erregen. Zu diesen Gefahren gesellten sich Krankheiten, das Sterben der Reit- und Lastthiere in Folge von Seuchen und dem Biß der Tsetse-Fliege, sowie alle jene zahllosen Intriguen und Forderungen, mit welchen die schwarzen Herrscher den Weißen entgegen zu treten pflegen. Auf einer von Speke's Heimwege abweichenden Straße zog Baker dem Süden zu durch die Landschaft Latuka und Obbo, erreichte die Karumafälle (2° 17' N. Br.) und betrat hier das dicht bevölkerte Reich Unyoro, dessen Herrscher Karamsi, durch eine in jüngster Zeit von dem Menschenjäger Debono ausgeführte blutige Razzia argwöhnisch gemacht, durch jämmerliche Täuschungen und unersättliche Habgier die Reisenden in die peinlichste Lage brachte. Endlich stand Baker am Ziel seiner Wünsche, erreicht war das gewaltige, von steilabfallenden Bergwänden alpenseeartig eingeschlossene Becken des Luta N'zige oder Albert Nyanza, wieder entdeckt der zweite der beiden Seen, dessen Existenz die alexandrinischen und arabischen Geographen uns überliefert hatten, aber ihr Zusammenhang unter einander, ihre Verbindung mit dem Bahr-el-Djebel durch ein unstreitig reiches Stromsystem, bleibt noch eine offene Frage. Denn auch Baker kreuzte den als Nil bezeichneten Fluß bei den Korumafällen, auch er unterließ es, jenem nach Westen sich krümmenden Stromlauf zu folgen und constatirte nur einen nach

Norden gehenden Abfluß des Sees, sowie einen von Osten bei Magungo mündenden Zufluß, welchen letzteren er sogar 25 engl. Meilen stromaufwärts bis zu den Murchison-Fällen befuhr.

Wir dürfen aber den Nil nicht verlassen, ohne zweien Gebieten unsere Aufmerksamkeit zuzuwenden, denen in dem Stromsystem dieses Flußes eine bedeutsame Rolle zuertheilt ist: im Westen nämlich dem noch ziemlich unbekannten Gebiete des Bahr-el-Ghazâl und im Osten dem als das Geburtsland der großen Nilzuflüsse bekannten Alpenland Abyssinien. — Mit dem Namen Bahr-el-Ghazâl wird jener mächtige, uferlose Binnensee bezeichnet, welcher nach Osten hin sowohl räumlich wie seiner natürlichen Beschaffenheit nach mit dem No-See eng verbunden ist. Zwischen zahllosen, von dichten Schilfwaldungen gebildeten Inseln, zwischen denen nur an einzelnen offenen Stellen dunkle Waldmassen als Demarkationslinien des fernen Horizontes erscheinen, winden sich hier die Wassermassen durch Tausende bald enger, bald breiter Canäle, in denen häufig nur der Stand der Gestirne den Schiffenden leitet. Aber diese Wasserfläche ist keine geschlossene; vielmehr speisen zahlreiche kleinere Wasserläufe, deren Mündungen nicht selten durch die üppige Vegetation sich dem Auge entziehen, dieselbe, und große, selbst in der trockenen Jahreszeit wasserführende Ströme, sammeln hier ihre aus dem fernen unbekannten Westen und Süden kommenden Wasser. Schon sind die Anfänge zur Erforschung dieses den kühnsten Hypothesen so weiten Spielraum gewährenden Stromgebietes gemacht: Brun-Rollet und Petherik haben ein theils auf eigener Anschauung, theils auf oft sehr zweifelhaften Aussagen der diese Gebiete durchziehenden Elfenbein- und Sklavenjäger basirendes geographisches Material gesammelt, unsere beiden Landsleute, v. Heuglin und Steudner, von denen der letztere hier ein Opfer seines kühnen Strebens wurde, haben mit deutscher Gewissenhaftigkeit ihre Beobachtungen im Flußgebiet des Gazellen-Sees niedergeschrieben und selbst Fräulein Tinne hat bis hierher ihre für ihre Mutter so verderbenbringenden Spazierfahrten ausgedehnt. So anerkennenswerth nun auch diese Forschungen, vorzugsweise die v. Heuglin's, in diesem Theile Afrika's sein mögen, so sind es dort immer nur geringe Lichtstreifen, welche in das unsere geographischen Kenntnisse der äquatorialen Afrika's noch verhüllende Dunkel fallen. Constatirt ist die Speisung des Bahr-el-Ghazâl-Beckens durch eine Anzahl mächtiger Zuflüsse, unter denen der Djûr, auch Dio, Tatai und Kalonda von den verschiedenen Völkerschaften, welche er berührt, genannt, die Hauptrolle einzunehmen scheint, aber der Oberlauf derselben, ihre Quellen, die wichtige Frage über die Wasserscheide im äquatorialen Afrika für die dem Osten und Westen zueilenden Gewässer, erscheinen bis jetzt als noch ungelöste Probleme. Denn eine Karte jener Gegenden, wie solche die Brüder Jules und Ambroise Poncet, welche seit einer Reihe von Jahren ihre Handelsstationen vom weißen Nil bis jenseits des Landes der Njâm-Njâm ausgedehnt haben, in letzter Zeit veröffentlichten, dürfte in den meisten Punkten selbst für einen Laien als ein Spiel der Phantasie erscheinen. Von größerer Glaubwürdigkeit hingegen, für die Ethnographie aber jedesfalls von großer Wichtigkeit, sind die erst jüngst veröffentlichten Reisen des Marchese Orazio Antinori und Carlo Piaggia's, welche in Gemeinschaft in den Jahren 1860 und 1861 von der Meschra Req, dem auch von Heuglin benutzten Landungsplatz am Ghazâl, südwärts bis Nguri (6° 50' N. Br. und 28 O. L. Gr.), dem Hauptdorfe der Djûr-Neger, vordrangen, während Piaggia in den Jahren 1863—65 seine Forschungsreisen allein durch die Gebiete der Djûr- und Dôr-Neger bis in das reich bewässerte und bewaldete Land der Njâm-Njâm ausdehnte und hier seine mannigfachen Excursionen von dem Dorfe Tombo aus, welche ihn in südlicher Richtung bis zum 1° N. Br. führten, zu interessanten Beobachtungen über die ethnographischen Verhältnisse der dortigen Negerbevölkerung benutzte. Durch dieselben ist u. a. die Fabel von der Existenz geschwänzter Menschen, welche über den vor 60 Jahren eingewanderten intelligenten Stamm der Njâm-Njâm verbreitet war, und vielfachen Glauben fand, zwar vernichtet worden, nicht jedoch die Nachrichten von der Neigung dieser Neger zur Anthropophagie. Wichtig für die Hydrographie sind aber die Erkundigungen, welche Piaggia von den Eingeborenen über die Existenz eines dritten großen äquatorialen Seebeckens, westlich vom Albert-Nyanza gelegen, einzog, wodurch sich mithin die Worte des Reisenden Lopez (Ende des 16. Jahrhunderts), daß kein anderer Theil der Welt so reich an großen Seen wäre, als die äquatoriale Zone Afrika's, bewahrheiten würden. Die Erforschung dieses Gebietes hat sich nun Georg Schweinfurth für die nächste Zeit zur Aufgabe gestellt. Der Botaniker Schweinfurth, der zwar bis jetzt in der Reihe der Afrikareisenden noch nicht als Entdecker aufgetreten ist, der aber durch seine in den Jahren 1864—66 ausgeführten Reisen längs dem Rothen Meere bis Suakim und von da über Kassala, Gedarif und Matamma bis zum Blauen Nil sowie durch seine botanisch wie landschaftlich ausgezeichneten Schilderungen sich als wissenschaftlicher Forscher eines vortrefflichen Namens erfreut, wird diesmal seine Schritte zu jenen noch unerforschten Gegenden am Ghazâl lenken. Bereits haben Briefe seine glückliche Ankunft in Chartûm gemeldet; hoffen wir, daß ihn auf seinen Wanderungen ein günstigerer Stern geleiten möge, als seinen Vorgänger Le Saint, welcher zu Anfang des Jahres

1866 in den ungesunden Gegenden des oberen Nil noch vor dem Beginn seiner eigentlichen Reise zum Gazellenfluß dem Fieber erlegen ist.

Wenden wir schließlich unsere Blicke ostwärts zu dem Quelllande der drei mächtigen Zuflüsse des Nil, des Atbara, Bahr-el-Azrak und Sobât, in dem ja in jüngster Zeit ein so rascher Sieg der Intelligenz über rohe Despotie und Barbarei erfochten worden ist. Als ein wirkliches Alpenland, findet Abyssinien durch die merkwürdige Formation seiner Berge nur wenig Analoga. Von tief eingeschnittenen, vielgewundenen und an ihrer Sohle meist sehr engen Thälern durchschnitten, bauen sich terrassenförmige Plateaubildungen hier zu 10,000' Höhe auf, aus denen burgähnliche, jäh abstürzende Tafelberge (Amba), einzeln stehende Felskegel und Felsgebilde in den phantastischsten Formen sich erheben, schauerlich und großartig zugleich in der Zerrissenheit ihrer Formation, aber reich an Naturschönheiten durch die Lieblichkeit der Thäler, der mit frischer Pflanzendecke bekleideten Plateaus, über welche die bis zu 14,000' ansteigenden Berge ihre schneeigen Riesenhäupter erheben. Einst der Sitz einer uralten Civilisation, welche sich von Axum bis zu Arabiens Küste ausgebreitet hatte und uns in den berühmten axumitischen Ruinen ein Andenken bewahrt hat, einst der Hort des Christenthums, welches in diesen Bergvesten eine gesicherte Zufluchtsstätte gegen die Ungläubigen fand und in Lalibala's unzerstörbaren Monolithen-Bauten eine Erinnerung an größere Zeiten zurückgelassen hat, bietet das Abyssinien der Jetztzeit in seiner politischen Zerrissenheit, mit seiner nur durch den barbarischsten Despotismus scheinbar geeinigten Staatengruppe, mit seiner unwissenden, und nur in wenigen äußeren Formen als Christen sich kennzeichnenden Priesterkaste nur einen schwachen Abglanz jener Zeit, wo Portugal seine Handelsniederlassungen bis hierher ausgedehnt hatte und die abyssinischen Christen in blutigen Kämpfen ihren Glauben gegen die Sendboten des Katholicismus vertheidigten. Viele Theile dieses Landes nun sind bereits wissenschaftlich durchforscht, im Anfang des 18. Jahrhunderts von Lobo, zu Ende desselben von Bruce, in unsrem von Salt, Combes und Tamisier, Rüppell, Ferret und Gallinier, Lefevre, Harris, Krapf, Isenberg, Munzinger, Steudner und v. Heuglin, d'Abbadie u. a., Forschungen die von verschiedenen Himmelsrichtungen her unter gleicher Betheiligung von Deutschen, Engländern und Franzosen angestellt wurden, künftigen Generationen aber noch genug der Arbeit für ein richtiges chartographisches Bild dieses weitverzweigten Gebirgslandes übrig lassen. Leider hat man den günstigen Zeitpunkt, der sich darbot, mehr als die Marschroute der englischen Armee aufzunehmen, vorübergehen lassen; man hat durch die Befreiung englischer Abgesandten das Ansehen der Krone Großbritanniens hergestellt, durch die Erlösung einer Anzahl politische Intriguen spinnender Missionare einen Act christlicher Liebe vollzogen, man hat ein unter dem ehernen Scepter eines energischen, aber durch verderbliche Einflüsse zur grausamen Despotie gebrachten Herrschers geeinigtes Reich zertrümmert, und unbekümmert um die blutigen Kämpfe, welche der Tod des Negûs Thebros und die Zerstörung Magdala's hervorrufen würde, in eiligem Rückmarsche allerdings die englische Armee vor dem Untergange gerettet, aber auch vielleicht für lange Zeit den wissenschaftlichen Forschungen in diesem Lande Schranken gesetzt. — Aber auch in den westwärts von Massaua emporsteigenden wilden Bergketten mit den Quellen des Anseba, Barka und Mareb, sowie in den bis nach Chartûm an dem Fuß der abyssinischen Schweiz sich hinziehenden Steppenlandschaften des Atbara, Bahr-el-Azrak, Dender und Ra'ab hat seit der Zeit, in der Ehrenberg zuerst in jene Gegenden eindrang, eine jüngere Generation deutscher Gelehrten eine erfolgreiche Thätigkeit entwickelt. Während Werner Munzinger von Massaua aus den topographischen und ethnographischen Verhältnissen der bis dahin noch unbekannten, von den Bogos bewohnten Gebirgsgruppen und dem verworrenen Quellsystem der von Osten her dem Nil zueilenden Zuflüsse, seine besondere Aufmerksamkeit schenkte, wirkten hier sowohl wie in den bis zum blauen Nil sich erstreckenden Flachländern unsere Landsleute W. v. Harnier (am 23. November 1861 unfern Heiligenkreuz am weißen Nil auf der Jagd von einem Wildbüffel getödtet), Brehm, v. Heuglin, Schweinfurth, Rob. Hartmann und Adalbert v. Barnim, welcher letzterer in Roséres dem Fieber erlag (Juli 1860), für Zoologie, Botanik und Ethnographie in der anerkennenswerthesten Weise.

II.

Nachdem wir somit unsere Betrachtungen über die den ganzen Nordosten Afrika's einnehmende Ländermasse, welche wie Rinde und Laubwerk den Riesenstamm des Nils umgeben, beendet haben, wollen wir uns zunächst der südlich vom Aequator liegenden Hälfte dieses Erdtheils zuwenden. Werfen wir einen Blick auf eine Karte Afrika's, auf der zum besseren Verständniß der Entdeckungen die einzelnen Reiserouten mit verschiedenfarbigen Strichen angedeutet sind, so zeigen sich da in vielverschlungenen Krümmungen Routenlinien von derselben Farbe vom Caplande nordwärts bis zum 17. Parallelgrade und von hier westwärts am Liambye (Zambesi) und durch das Flußgebiet des Coanza bis zum atlantischen Ocean, ostwärts aber am Ufer des Zambesi bis zu seiner Mündung in den indischen Ocean, dann eine vom Zambesi in nördlicher Richtung zum Nyassa- und Schirwa-See sich abzweigende Linie; dieses sind die Wege auf welchen David Livingstone von 1840 bis 1864 seine großartigen Entdeckungen in Südafrika ausführte. Dieselbe Farbe trägt aber auch eine am Rovuma beim Cap Delgado beginnende und dem Tanganjika und Nyassa-See sich zuwendende Linie, aber dieselbe ist dort, wo sie die Seen berührt, farblos und nur schwach punktirt; sie bezeichnet Livingstone's letzte im J. 1866 begonnene Wanderung, vielleicht die letzte seines Lebens. 28 Jahre müßten wir zurückgreifen, wollten wir ein Bild des Wanderlebens dieses im Dienste der Wissenschaften unermüdlich thätigen Mannes geben, der, mit echt praktischem Sinne die geographische und ethnographische Erforschung Innerafrika's, die Aufdeckung der natürlichen Hilfsquellen der Binnenländer und deren Verwerthung im Interesse der Neger sowohl, wie der Europäer als das vorzüglichste Mittel erkannte, dem Sclavenhandel wirksam entgegen zu treten und die Eingebornen den Segnungen europäischer Cultur zugänglich zu machen. Livingstone's große Entdeckungsreisen bis zum Frühjahr 1867 hier in ihrer historischen Reihenfolge durchzugehen, dürfte zu weit führen, und so mag eine kurze Aufzählung der Resultate derselben hier genügen.

Jedesfalls besaßen die Portugiesen zu den Zeiten, als ihre auf der Ost- und Westküste Südafrika's gegründeten Niederlassungen noch den Binnenhandel allein beherrschten, genaue Kenntnisse von den geographischen und ethnographischen Verhältnissen jener Ländergebiete, die aber mit dem allmäligen Sinken der colonialen Macht dieser Nation der Wissenschaft verloren gegangen sind oder aus Eifersucht gegen europäische Rivalen in den Colonial-Archiven geheim gehalten wurden. Für diese einstigen Verbindungen mit den Centralregionen spricht die Reihe tief in das Innere sich hineinziehender, jetzt zerstörter Handelsstationen, deren Untergang vielleicht durch innere, historisch nicht bestimmbare Völkerbewegungen, gewiß aber durch Abschwächung der portugiesischen Macht an den oceanischen Gestaden herbeigeführt worden ist. Die Absicht, diese alten Verkehrsstraßen, die wohl hauptsächlich den Flußläufen folgten und, wie die meisten binnenländischen Handelsstraßen, seit Jahrhunderten so ziemlich unverändert geblieben sind, aufzufinden und diese Bahnen für den durch den Sclavenraub gestörten Handel mit den Erzeugnissen der Stämme der Binnenländer wieder zu eröffnen, lag jedesfalls den Wanderungen Livingstone's zum Grunde. So sehen wir den Reisenden vom Caplande hinauf am Ostrande des gefürchteten Kalahari-Plateau's nordwärts bis zu dem bis dahin nur durch die Nachrichten der Beschuanen bekannten Ngami-See und von da, nach mannigfachen vergeblichen Versuchen in das Gebiet des mächtigen Stammes der Makololo vordringen, welche die Ufer des Liambye, wie der Oberlauf des Zambesi dort genannt wird, bewohnen. Hier angesichts dieser mächtigen, den größten Theil Südafrika's durchschneidenden Wasserader, boten sich ihm zwei Wege dar, der erstere stromaufwärts am Liambye zu den portugiesischen Besitzungen in Angola am atlantischen Ocean, der andere an den Ufern des Zambesi stromabwärts zu den portugiesischen Niederlassungen von Moçambique am indischen Ocean. Er wählte zunächst die erstere Straße, welche ihn durch das Reich der Balunda über die die Wasserscheide beider Oceane bildenden Gebirgszüge nach Loanda führte, und auf demselben Wege kehrte er nach längerer Ruhe von den unendlichen Strapazen nach Linjanti, der Hauptstadt der ihm befreundeten Makololo's zurück. Er betrachtete aber seine hohe Mission erst dann als beendet, wenn es ihm gelänge, längs der Ufer des Zambesi den fernen Osten zu erreichen. Wie früher, führte ihn auch hier sein Weg durch völlig unbekannte, aber noch die Spuren altportugiesischer Niederlassungen tragende Gebiete. Seine nächste Entdeckung war die des grandiosen Victoria-Falles, wo der etwa 2000' breite Liambye inmitten einer herrlichen tropischen Waldlandschaft durch hohe Felsen in ein schmales Bett eingeengt in gähnende Tiefe senkrecht herabstürzt und mit seinen hunderte von Fuß emporsteigenden Gischtsäulen die Gegend weithin in dichten Sprühregen hüllt. Unwegsame Waldungen versperrten hier aber seinen Weitermarsch längs der Ufer des

Flusses, den er erst auf großem Umwege durch nördlicher gelegene Gebiete wieder erreichte. Im März 1855 betrat er bei Tete das portugiesische Gebiet; der südafrikanische Continent war somit zum ersten Male in seiner ganzen Breite durchkreuzt.

Die unsäglichen Mühsale und Leiden, welche Livingstone überstanden hatte, vermochten ihn jedoch nicht, vor weiteren Unternehmungen zurückzuschrecken; denn im J. 1859 sehen wir ihn bereits wieder am Zambesi in voller Thätigkeit. Den von Norden her in diesen Fluß einmündenden Schire hinaufgehend, erfolgte zunächst die Entdeckung des vierten großen ostafrikanischen Binnensees, des Nyassa oder Njandja, sowie später die des kleineren abgeschlossenen Beckens des Schirwa. In seiner ganzen Längenausdehnung hatte er das westliche Ufer des Nyassa befahren, hatte den Nichtzusammenhang dieses Sees mit dem Tanganjika constatirt und nachgewiesen, daß derselbe einzig und allein von kleineren, von den westlich gelegenen bis 6000' ansteigenden Gebirgen und Plateaus herabströmenden Flußläufen gespeist werde und seinen Abfluß im Schire habe. Diese für die Hydrographie so wichtigen Entdeckungen genügten aber noch nicht zur Vollendung des chartographischen Bildes der südafrikanischen Seeregionen. Zwar hatte Livingstone bei seiner Beschiffung des in den indischen Ocean mündenden Rovuma (1861) die irrige Annahme widerlegt, daß derselbe einen Abfluß des Nyassa bilde, aber die zwischen diesem und dem Tanganjika gelegenen Gegenden entbehrten noch jeglicher Erforschung. Hierhin richtete sich seine letzte Reise, welche er im J. 1866 antrat und die ihn vom Rovuma aus um das Südende des Nyassa, dann am westlichen Ufer desselben hinauf zum Tanganjika führte. Von hier ab jedoch verloren sich seine Spuren, und die von seinen Freunden in England angestellten Versuche zu seiner Rettung hatten sich erfolglos bewiesen. Die neuesten brieflichen Nachrichten von dem verschollen Geglaubten, welche allerdings vom December des J. 1867 etwa zwölf Tagereisen von Zanzibar datiren und in denen er die Entdeckung einer Reihe mit dem Tanganjika zusammenhangenden Seebecken kurz andeutet, verheißen vielleicht seine baldige Rückkehr nach Europa.

Alle diese großartigen Entdeckungen wirkten zündend, und fast jedes Jahr der beiden letzten Decennien verdient in Bezug auf Südafrika in den Annalen der geographischen Entdeckungen als epochemachend verzeichnet zu werden. In edlem Wettkampfe sehen wir Deutsche und Engländer im Dienste der Wissenschaft in das unbekannte Innere vordringen, aber mit schweren Opfern wurde dieser Wissensdrang erkauft. Albert Roscher, ein geistig höchst begabter und für seinen Beruf begeisterter junger Mann, gedachte mit höchst bescheidenen Mitteln im Jahre 1859 von Zanzibar aus die trotz Rebmann's und Krapf's Entdeckungen von Cooley in London in den heftigsten Controversen angezweifelten aequatorialen Schneeberge zu erreichen, doch hinderte eine schwere Krankheit ihn an der Ausführung seines Vorhabens. Glücklicher war sein Vordringen von Quiloa aus bis zur Nordspitze des jüngst von Livingstone entdeckten Nyassa, und vielleicht wäre es ihm gelungen, das bereits im J. 1831 von Monteiro besuchte Negerreich Cazembe im Süden des Tanganyika zu erreichen, hätte nicht ein von Mörderhand auf den Schlafenden entsandter Pfeil seinem Leben ein Ende gemacht.

Mit bei weitem großartigeren, ja vielleicht den glücklichen Erfolg beeinträchtigenden Mitteln wurden die Expeditionen ins Leben gerufen, welche der Baron Carl v. d. Decken, ursprünglich zur Unterstützung Roscher's, nach der Ostküste Afrika's unternahm. Noch erinnern wir uns, wie Heinrich Barth, so sehr er diesem Unternehmen auch sein Interesse zuwandte, demselben eben wegen der den afrikanischen Verhältnissen nicht entsprechenden Ausrüstung ein ungünstiges Prognostikon stellte. Ohne eigentliche wissenschaftliche Vorbereitung betrat er den Boden Afrika's, aber durch Energie wußte er sich die ihm fehlenden Kenntnisse anzueignen, sich zum Herrn der schwierigen Situationen zu machen, in die Speke's Rivalität, die politischen Verhältnisse in Zanzibar, die traurigen socialen Zustände der afrikanischen Küstenstämme, sowie auch eigene Mißgriffe ihn häufig stürzten, und durch Hinzuziehung geeigneter Kräfte die Forschungen nach verschiedenen Richtungen hin zu verwerthen. Als Hauptresultat seiner ersten, mit unendlichen Mühsalen verknüpften Reise erwähnen wir seinen zweimaligen Besuch des Kilimandscharo, den er im J. 1861 in Begleitung des Geologen Thornton bis zu einer Höhe von 8000', und zum zweiten Male im darauffolgenden Jahre mit Dr. Kersten bis zu 14,000' Meereshöhe bestieg, unwiderlegliche Beweise für die Schneebedeckung des zweifachen Gipfels dieses Riesenberges beibrachte und seine Lage trigonometrisch festlegte. Nach kurzem Aufenthalt in Europa trat v. d. Decken seine zweite Reise nach Ostafrika an, welche sich diesmal der Erforschung des von dem Keniagebirge kommenden Dana und des wahrscheinlich auf den Südabhängen der abyssinischen Gebirge entspringenden Djubaflusses zuwenden sollte, diesmal ausgerüstet, wie noch keine afrikanische Expedition, mit zahlreicher europäischer Begleitung, mit den trefflichsten Instrumenten und einem kleineren und größeren Dampfschiff, von denen das erstere leider gleich bei der Einfahrt in den Djuba unbrauchbar wurde, das andere sich aber zur Ueberwindung der zahllosen Krümmungen des Flusses als zu lang gebaut erwies und dadurch theilweise den Untergang der Expedition herbeiführte. Ein verrätherischer Ueberfall auf das unterhalb der Stromschnellen des Djuba gescheiterte Schiff kostete am 1. October 1865 mehreren Mitgliedern der Expedition das Leben. v. d. Decken und Dr. Link, welche sich unvorsichtiger Weise von dem Schiff getrennt hatten, fielen am 2. October in Barberah unter Mörderhänden, und nur wenigen Europäern war es gelungen, sich durch eilige Flucht zur Küste zu retten und die traurige Kunde von dem Schicksal der Expedition nach Europa zu bringen. Unter diesen Wenigen befand sich Richard Brenner, der auf Veranlassung der Mutter v. d. Decken's, zur Feststellung des Todes desselben sich im nächstfolgenden Jahre wiederum auf den so verhängnißvollen Schauplatz begab. Zwar gelang es Brenner nicht, bis Barberah vorzudringen, wohl aber untrügliche Beweise zu sammeln, aus welchen nicht nur die Ermordung v. d. Decken's!, sondern auch die Umstände, welche seinen Tod herbeigeführt hatten, constatirt werden konnten. Gleichzeitig benutzte aber auch Brenner die ihm gebotene Gelegenheit zu selbstständigen Forschungen auf den Küstenflüssen, vornehmlich dem Dana und Ozy, und in den südlichen Gallaländern. Nach seinen Berichten bereiten sich hier wichtige ethnographische und politische Umwälzungen vor. Unter den südlichen Galla nämlich, einem in physiologischer Beziehung von den Negerstämmen sich wesentlich unterscheidenden Nomadenvolke, welches seit seiner, historisch nicht bestimmbaren Verdrängung von Osten her über den Djuba in einen unversöhnlichen Vernichtungskampf gegen die muhammedanischen Somali's getreten war, ist in der Person des von den Arabern geächteten Fürsten der Insel Patta, Fumo Lotti, mit dem Beinamen Zimba (Löwe), ein Mann erstanden, der in dem fruchtbaren, von den Flüssen Ozy und Mogogoni bewässerten Landstrich seit acht Jahren für alle von den Muhammedanern Geächteten und ihren Sclavenketten entlaufenen

Negern ein Asyl gegründet hat, welches bereits mehr als 50,000 Eingewanderte zählt. Seinem mit Energie gepaarten organisatorischen Talent ist es bereits gelungen, unter diesen heterogenen Elementen, welche der neu gegründeten Residenz Witu zuströmen, Gehorsam und Ordnung einzuführen, die faulen und unverschämten Sclaven der Araber durch Vertheilung von Grund und Boden in fleißige Arbeiter umzuwandeln, und durch militärische Organisation dieselben zur Vertheidigung ihrer Freistätte zu befähigen; und wenn auch dieser zweite Romulus nicht gerade einen Sabinerinnenraub an seinen Nachbarn ausführte, so mußte er doch die benachbarten Pakomo-Neger und nomadisirenden Waboni zur Uebersiedelung nach Witu zu veranlassen und so auf friedlichem Wege seine Unterthanen mit Weibern zu versehen. So dürfte vielleicht der Zeitpunkt nicht fern liegen, wo inmitten einer heidnischen Bevölkerung sich eine wirksamere Opposition gegen den Sclavenhandel herausbildet, als solche bisher durch die Kanonen britischer Kreuzer durchzuführen war. Ob aber die Colonisationsprojecte, für deren Verwirklichung sich v. d. Decken diesen Punkt an der ostafrikanischen Küste ausersehen hatte und die in Kersten einen warmen Fürsprecher finden, hier überhaupt ausführbar sind, möchten wir nach Brenner's Schilderungen bezweifeln. — Weniger glücklich in seinen Forschungen war Theodor Kinzelbach, dessen Namen wir auch unter den Mitgliedern jener unter v. Heuglin's Führung zur Aufdeckung der Schicksale Vogel's ausgesandten deutschen Expedition begegnen. Anfangs vereint mit Brenner, dann aber getrennt von ihm dieselben Zwecke verfolgend, erlag er zu Jilleby unweit Barawa im Januar 1868 den Strapazen, denen er weder körperlich noch geistig gewachsen war.

Glücklicher als die unserer Landsleute im Norden gestalteten sich die Erfolge zweier Deutschen im Süden. Hier hat Gustav Fritsch während der J. 1864—66 auf seiner ersten Reise die Küsten des Caplandes, dann von Queens Town aus den Oranje-Freistaat und Natal, auf seiner zweiten, von Port Elisabeth aus in nördlicher Richtung unternommenen Wanderung die westlich von der Transvaal-Republik gelegenen Gebiete der Bakata's und Bamangwato's bis zu den Grenzen (22° 50' S. Br.) des Reichs des durch Livingstone's erste Reise bereits bekannten Häuptlings der Matebele, Moselekatse, dessen Tod soeben die Zeitungen melden, wissenschaftlich durchforscht und für Topographie und Klimatologie, vorzüglich aber über die Racenverhältnisse jener Gegenden ein schätzbares Material heimgebracht, dessen Veröffentlichung eine wichtige Lücke in unserer Kenntniß südafrikanischer Ethnographie auszufüllen bestimmt ist. In denselben Regionen erscheint neben Fritsch ein anderer Deutscher, Karl Mauch, dessen geographische Forschungen seit dem J. 1865 sich zunächst der Transvaal-Republik, dann nordwärts über das 7000' hohe, die Wasserscheide zwischen dem Limpopo und Zambesi bildende Plateau dem Quellgebiet des Umfule, eines Nebenflusses des Zambesi, zugewandt hatten, dessen neueste Entdeckungen aber jedesfalls zu den glänzendsten gezählt werden müssen, da sie uns in den goldhaltigen Quarzriffen der Quellgebiete des Umfule und Ummiati ein neues Goldland, das längst verschollene südafrikanische Dorado erschlossen haben, zweifelsohne dieselben goldführenden Gebirge, welche bereits zu de Barros' Zeiten einen lebhaften Verkehr an der Küste Sofala hervorriefen, die aber seit dem Verfall der Portugiesenherrschaft wohl nur den dortigen Stämmen bekannt geblieben waren und von ihnen in primitivster Weise ausgebeutet worden sind. Wie ein zündender Funken hat bereits die Wiederauffindung dieser Minen auf die Cap-Colonisten gewirkt, und es liegt vielleicht die Zeit nicht fern, wo wir Colonnen von Schatzgräbern mit Schaufeln und Hacken durch die wasserlosen Steppen Südafrika's ziehen sehen werden, um an den Goldquellen ihren Durst zu stillen. Einstweilen aber ist auf den Ruf von dem entdeckten Goldlande hin von einer gewissen Partei wieder einmal ein unerquicklicher Streit über die Lage des biblischen Ophir heraufbeschworen worden, der im Widerspruch mit den Forschungen unserer gewiegtesten Orientalisten jene fraglichen Goldfelder nicht nach Indien, sondern nach Afrika verlegen will.

Zu weit möchte es uns führen, wollten wir hier die Namen aller der Reisenden aufzählen, welche in den letzten Decennien die Länder nördlich vom Caplande durchwandert haben. Die ergiebigen Jagdgründe, die Romantik des Lebens in den Wildnissen, die abenteuerlichen Kämpfe mit den riesigen Bewohnern des Waldes, der Steppe und der Gewässer üben eine solche Anziehungskraft aus, daß die Literatur jedes Jahres eine Reihe südafrikanischer Jagdexcursionen und Jagdromane aufzuweisen hat, welche, weil zum Theil werthlos, bei einer kurz gefaßten Geschichte der Entdeckungen füglich übergangen werden können. Nur eine, und gerade die neueste dieser Publikation möchten wir hier nicht unerwähnt lassen. James Chapman heißt der Held dieses Buches. In lebendigen Farben schildert er uns sein fünfzehnjähriges Wander- und Jagdleben (1849—64), welchem die gewaltigen Länderstrecken von der Natalküste bis zur Walfischbay als Schauplatz dienten; dreimal kreuzte er die Kalahari-Wüste, besuchte zu verschiedenen Malen den Ngami-See, folgte im Jahre 1853 den Spuren Livingstone's bis zum Mosia-tunyo oder Victoriafall, entdeckte, indem er das rechte südliche Ufer des Zambesi durchforschte, die Mündung des Gwai oder Duaggaflusses, dessen Oberlauf er bereits früher aufgefunden hatte, nnd verstand es, in den letzten Jahren wenigstens sein vielbewegtes Wanderleben durch photographische Aufnahme, Messungen und naturwissenschaftlichen Forschungen auch für die Bereicherung unserer geographischen Kenntnisse nutzbringend zu machen.

Wir dürfen aber die Südspitze Afrika's nicht verlassen, ohne mit wenigen Worten der Entdeckungen zu gedenken, welche nicht durch einzelne kühne Reisenden, sondern vielmehr durch Massenauswanderungen von Tausenden fleißiger Ansiedler aus dem Caplande hervorgerufen worden sind. Holländer waren es, welche bekanntlich schon im J. 1652 sich als die ersten Ansiedler im Caplande niedergelassen und in diesen für Ackerbau und Viehzucht so günstigen Gegenden einen so prosperirenden Coloniestaat gegründet hatten, daß derselbe sich ohne Unterstützung des Mutterlandes zu erhalten vermochte. Als aber das Capland nach manchen Wechselfällen im J. 1806 in den dauernden Besitz der Engländer übergegangen war, brach für die holländischen Landleute (Boers) die Zeit der Calamität herein. Die Erbpacht, in welcher die Boers ihre Ländereien besessen hatten, wurde von den Engländern in persönlichen Besitz umgewandelt, die Sclaven wurden emancipirt, dem Ansiedler dadurch die Arme zur Bestellung seines Bodens und zum Schutz seiner großen Heerden entzogen, und als gar die Missionsgesellschaften in unüberlegtem Eifer als Beschützer der nun vagabondirend umherziehenden Schwarzen auftraten, als die englische Colonialpolitik den Boers gegen die verheerenden Einfälle der Kaffern nicht nur keinen Schutz gewährte, sondern auch das im Jahr 1835 den britischen Besitzungen einverleibte Kaffraria in zu weit getriebener Philanthropie wieder zurückgegeben wurde, da empörte sich der jahrelang bewiesene Langmuth der Boers gegen die ihnen aufgedrungenen Beschützer. Massenweise schaarten sie sich zusammen, mit Hab und Gut wanderten sie nordwärts durch völlig unbekannte Gegenden zum Oranje, zum Vaalfluß und zum westlichen Meeresstrande, ein Zug, auf dem jeder Schritt mit dem Blute dieser tapferen Schaaren getränkt ist. Und doch erkämpften sie sich, trotz jahrelanger blutiger Kämpfe mit Kaffern und Engländern, die ihre Reihen stark lichteten, eine neue Heimath; die Natalküste, der Oranje-Freistaat und die Transvaal-Republik wurden ihnen durch Verträge mit den Engländern zur gesicherten Freistätte, und so wurden die ausgewanderten Boers nicht nur zu Entdeckern, sondern auch zu Cultivatoren bis dahin noch unbekannter Länderstrecken.

Ein bei weitem ungünstigeres Terrain als die Ostküste bietet die Westküste vom Caplande bis zu den portugiesischen Niederlassungen in Angola für Colonisation. Hier senkt sich das innerafrikanische Plateau nur allmälig zur Küste hinab; ein breiter, sandiger, von unfruchtbaren röthlichen Dünenhügeln gebildeter Küstensaum trennt hier das culturfähige Land vom Meere, zu welchem nur wenige, zum großen Theil periodisch austrocknende Flüsse ihren Lauf nehmen, und auf dem sich, mit Ausnahme des Hafens in der Walfisch-Bay auf einer Entfernung von 15 Breitengraden kein Hafen findet, zu welchem die Erzeugnisse des Binnenlandes hinabgeführt werden könnten. Den unwirthlichen Charakter der Küste trägt aber auch theilweise das immense, von den Namaqua's und Ovaherero's bewohnte Plateau: Steppen und Wüsten wechseln mit den längs der Flußläufe und auf den Plateaus inselartig auftretenden fruchtbaren Landstrichen. Trotz dieser ungünstigen Verhältnisse sind hier aber nach und nach eine Reihe von Missionsstationen gegründet worden, viele nur von kurzer Dauer, andere in gedeihlichem Fortschritt begriffen, wo geschickte und thatkräftige Missionare es verstanden haben, den ungünstigen Verhältnissen kühn die Stirn zu bieten. Klein freilich ist nur die Zahl der

Männer, welche von dieser Seite her es unternahmen, den dornenvollen Pfad der Entdecker in unbekannte Gegenden zu wandeln, aber unter diesen verdienen die Namen Andersson und Hahn hervorgehoben zu werden, welche als wahre Pioniere der Wissenschaft hier eine viel bewegte Thätigkeit entfaltet haben. Andersson war es, der im Jahre 1850 mit Galton von der Walfischbay zuerst das noch völlig unbekannte Damara-Land bis zu den Ovampo durchkreuzte, in der Absicht, bis zu dem von Livingstone, Oswell und Murray im Jahre 1849 entdeckten Ngami-See im Norden der Kalahari-Wüste vorzudringen. Was ihm auf seiner ersten Reise nicht gelungen war, erreichte er auf einer zweiten im Jahre 1853. Wie aber bei allen afrikanischen Reisenden, welche als Jäger die Fährten der Raubthiere ferne von den Caravanenstraßen aufsuchen, und die nicht blos die Lust am Waidmannswerk, sondern auch die Sorge für den Erwerb zu diesen gefährlichen Kämpfen nöthigt, schienen auf Andersson gerade diese Gefahren eine eigenthümliche Anziehungskraft auszuüben; denn nicht lange litt es ihn in einer ruhigen Stellung, welche er als Bergwerks-Inspektor in der Walfisch-Bay bekleidete; eine neue Richtung hatte sich seinem Forschungsgeiste eröffnet zu dem noch unbekannten Flußgebiet des Cunene, den zu erreichen Green und die Missionare von Rath und Hahn sich vergebens bemüht hatten. Zu diesem gefahrvollen Unternehmen machte er im Frühjahr 1858 den ersten Versuch, drang von der Hahn'schen Missionsstation Otyimbingui durch Kaoko und das westliche Damara-Land bis zum 19. Breitengrade nordwärts vor, wo Wassermangel ihn zur Umkehr zwang. Aber selbst ein zweiter im Jahre 1859 wiederholter Versuch sollte ihn sein Ziel nicht erreichen lassen. Zwar drang er bis zum Okavango vor, aber wiederum nöthigten ihn die Schrecknisse der Wüste, aus denen er nur durch Green's

Freundeshand erlöst wurde, zur Heimkehr. Als Jäger und Händler lebte er seitdem in Otyimbingui bei seinem Freunde Hahn; aber trotzdem bei einem Ueberfall der Namaqua's sein eines Bein von einer Kugel zerschmettert war, machte er im Jahre 1867 wiederum einen Versuch, zum Cunene vorzudringen, dessen Ufer er zwar erreichte, auf der Heimkehr aber am 5. Juli 1867 in einem Alter von 40 Jahren im Gebiet der Ovaguambi verschied. — Der zweite Mann, der für diesen Theil Afrika's von Bedeutung ist, ist der Missionar Hugo Hahn. Seine Thätigkeit gehört dem ausgedehnten Gebiet der Ovaherero an, wo er, mit dem Range eines Häuptlings bekleidet, nicht nur auf die politische Lage dieses Stammes von bedeutendem Einfluß gewesen ist, sondern auch in der von ihm gegründeten Missionsstation Otymbingue einen Mittelpunkt für eine beginnende Civilisation dieses höchst culturfähigen Stammes gebildet hat. Freilich hat diese Niederlassung seit der kurzen Zeit ihres Bestehens bereits schwere Kämpfe zu bestehen gehabt, indem die räuberischen Einfälle der wilden Namaqua in die heerdenreichen Länder der Ovaherero seit der Zeit, wo jene Missionsstation der Sammelplatz und die Zufluchtsstätte der zersprengten Ovaherero geworden, vorzugsweise auf die Vernichtung derselben gerichtet waren. Unter Andersson's und Green's Leitung wurden den Namaqua's empfindliche Verluste beigebracht, viertmal wurden, nachdem ersterer schwer verwundet die Führung aufgeben mußte, die Angriffe der Namaqua's auf die Missionsstation so kräftig unter Rath's Leitung zurückgewiesen — zuletzt im December 1867, wo das ganze von englischen Freibeutern geführte, 1500 Mann starke Corps der Namaqua's gänzlich vernichtet wurde —, daß von der nächsten Zukunft wohl ein gedeihlicher Fortschritt für die Civilisation der Ovaherero zu erwarten steht.

Folgen wir der Küste nordwärts von der Mündung des Cunene auf jener großen Strecke bis zum Delta des Fernan-Vas, welche den gemeinsamen Namen „Nieder-Guinea" trägt, so bietet hier, im Gegensatz zu dem flachen Ufersaum des Namaqua- und Hererólandes, die Küste einen vollkommen anderen Charakter dar. Steil fällt die Terrassenbildung des südäquatorialen Afrika's zur Küste ab, romantisch und grotesk in ihrem Anblick von der Seeseite aus, aber unwirthbar und öde, nur unterbrochen von zahlreichen kleineren Küstenflüssen, sowie von den breiten sumpfigen Schlammdeltas des Coanza und Zaïre oder Congo, letztere zwar mit üppigster Tropenvegetation bedeckt, aber durch ihre Miasmen für Europäer wie für Eingeborene gleich verderblich. Anders freilich ist das Bild, welches die Binnenlandschaften gewähren, wo ein von zahlreichen Flüßchen und Quellen bewässertes, fruchtbares und mit herrlichen Waldungen bedecktes wellenförmiges Terrain die Wohnsitze einer kräftigen und trotz ihrer Decimirung durch Sclavenhandel und innere Kriege noch immer dicht gesäeten Negerbevölkerung bildet. Diese gewaltige Küstenstrecke, einst in ihrer ganzen Ausdehnung Eigenthum der Krone von Portugal, umfaßt in ihren südlichen Theilen zwischen dem 18. und 6° S. Br. die beiden Königreiche Benguela und Angola, welche seit 1817 noch im Besitz Portugals verblieben sind, mit weit in das Innere vorgeschobenen, aber wohl etwas zweifelhaften Grenzen. Hier, wie auf der Ostküste, haben die portugiesischen Colonien eine große Vergangenheit gehabt; stagnirend schleppen sich die Verhältnisse, es fehlt der frische belebende Hauch vom Mutterlande aus, und wenn auch in neuester Zeit von Seiten der portugiesischen Regierung so Manches zur Hebung dieser Besitzungen geschehen ist, so beschränkt sich dieses doch vorzugsweise auf die Hauptstädte. Diese Lethargie zeigt sich auch in der wissenschaftlichen Erforschung des Innern; die von den Ministerien veröffentlichten Karten sind nur für die der Küste zunächst liegenden Presidios wirklich werthvoll, während die Aufschlüsse über die dem Centrum Südafrika's näher liegenden tributären und unabhängigen Negerreiche fast ausschließlich auf den Routiers Livingstone's und Ladislaus Magyar's beruhen. Livingstone's Aufnahmen von den Quellflüssen des Liambye westwärts bis nach Loanda haben wir bereits oben gedacht; seine Route kreuzte sich mit denen, auf welchen der Ungar Ladislaus Magyar von Benguela aus ostwärts bis zum Centrum des südäquatorialen Afrika's bis in das mächtige Reich der Balunda vordrang. Einen abenteuerlichen Charakter trägt das Wanderleben des letzteren Reisenden, der im Jahre 1848 in Benguela landete und zur sicheren Erreichung seines Zieles sich mit der Tochter des Negerfürsten von Bihe verheirathet hatte, und so unter den Negern gleichsam naturalisirt seit 1850 als Jäger und Händler unter den größten Entbehrungen und körperlichen Anstrengungen das ganze Quellgebiet des Quango, Luembo und Cassabi durchwanderte. Seine interessanten Forschungen, die aber aus Mangel an brauchbaren Instrumenten wohl noch mancher Correction bedürfen, bilden bis jetzt neben denen Livingstone's, sowie älteren portugiesischen Aufnahmen die einzige Quelle für die Chartographie dieses Theiles von Centralafrika. Jahre waren vergangen, ohne daß eine Kunde über Ladislaus Magyar zu uns gelangt war, bis in der neuesten Zeit eine amtliche Anzeige der portugiesischen Regierung seinen bereits am 19. November 1864 in Cuja, der Hauptstadt des Reiches seines Schwiegervaters, erfolgten Tod meldete. Nicht unerwähnt dürfen wir auch lassen, daß durch die Forschungen des Botanikers Welwitsch, welcher während der letzten zehn Jahre Angola und Benguela in naturwissenschaftlicher Beziehung bereiste, ein reiches, theilweise schon veröffentlichtes Material gesammelt worden ist, sowie daß Bastian im Jahre 1859 von Loanda aus San Salvador, die Hauptstadt von Kongo, besuchte, welche nach der Vernichtung des im Anfange des 16. Jahrhunderts durch die Portugiesen hier eingeführten Christenthums, also seit etwa 200 Jahren, von keinem Europäer wieder betreten war.

Folgen wir der Westküste vom Cap S. Katharina an längs dem Meerbusen von Guinea, hinauf bis zur Mündung des Senegal, so bieten unsere Karten da eine bunte Reihe europäischer Colonien dar, unter denen vorzugsweise die französischen wegen ihrer zum Theil tief in das Innere reichenden Ausdehnung hier unsere Aufmerksamkeit deshalb erregen, weil sie einmal Zeugniß ablegen von den wachsenden Handelsbeziehungen Europa's zu Westafrika, dann aber weil sie zu Ausgangspunkten so mancher Forschungsreisen geworden sind. Als südlichsten Punkt dieser Ansiedlungen erwähnen wir zunächst die Erwerbungen der Franzosen am Aequator von den Mündungen des Fernan Vaz, eines zum Aestuarium des Ogowai gehörigen Flusses, bis zu denen des Gabun. Hier war es, wo Du Chaillu in den Jahren 1855 bis 1858, dann während der Jahre 1863 bis 1865 seine Excursionen nach den auf den Terrassen des Serro do Cristal gelegenen Negerreichen unternahm. So viel gelesen nun auch die Publicationen dieses Reisenden sind, so anziehend auch seine Schilderungen der staatlichen Einrichtungen und Sitten der Eingeborenen, seine mannigfachen Abenteuer, seine wundersamen Erzählungen von den Gorillen sein mögen — ein willkommener Stoff für die zahlreichen Jagdgeschichten, welche unter dem Titel von Bildern aus fernen Zonen als Futter für die Phantasie unserer jugendlichen Leser aufgetischt werden —, so entbehren sie doch, wenigstens für seine erste Reise, in Bezug auf geographische Treue so sehr der Glaubwürdigkeit, daß dieselben nur mit äußerster Vorsicht aufgenommen werden dürfen. Vermochte doch ein Douville jahrelang die Welt mit seiner fingirten Reise nach Kongo zu täuschen, und sind doch in neuester Zeit sogar gegen die Glaubwürdigkeit eines Le Vaillant gerechte Zweifel geltend gemacht worden. Wichtiger ist Du Chaillu's zweiter Besuch des Negerreiches Aschira, und wenn auch ein Ueberfall und sein schleuniger Rückzug zur Küste ihn seiner naturwissenschaftlichen Sammlungen und ethnographischen Photographien beraubten, so bieten doch seine geretteten Tagebücher, sowie seine astronomischen Aufnahmen eine nicht unwesentliche Bereicherung der Kenntniß dieser Gegenden.

Zu weit möchte es uns führen, wollten wir auf die zahlreichen Einzelforschungen, wie solche in der Neuzeit von verschiedenen Punkten des Guineabusens aus in die Reiche Dahome und Assanti von Officieren und Missionaren unternommen wurden und wesentliche Beiträge für die Ethnographie der westafrikanischen Völkerstämme geliefert haben, näher eingehen, und so mag es uns gestattet sein, hier nur die Besteigung jener mächtigen, im innersten Winkel des Guineabusens hart an das Meeresgestade herantretenden Berggruppe zu erwähnen, welche in der einheimische Dualla-Sprache als Maongo ma Lobo (Götterberg), von den Europäern aber gewöhnlich nach dem ihren südlichen Rand bespülenden Flusse mit dem Namen Kamerün bezeichnet wird, vielleicht das $\vartheta\varepsilon\tilde{\omega}\nu$ $\ddot{o}\chi\eta\mu\alpha$ des alten punischen Seefahrers Hanno. Der Untersuchung dieses in seinen höchsten Gipfeln bis zu 13,760' hoch auffsteigenden und mit einer großen Anzahl theils erloschener, theils noch thätiger Krater bedeckten Bergriesen widmete Kapitän Burton, dessen Namen wir ja bereits von seinen kühnen Entdeckungsreisen in Ostafrika her kennen, in Verbindung mit dem Botaniker Mann die Monate Dezember 1861 und Januar 1862.

Von nicht minderer Bedeutung für Geographie und Ethnographie, gleichzeitig aber auch wichtig für den Handel ist die Erforschung des Unterlaufes des Niger oder Kowara, wie derselbe von der Mündung des Benue stromaufwärts heißt, sowie seines mächtigen aus Centralafrika kommenden Nebenstroms, des Benue oder Tschabba, dessen Oberlauf in Adamaua zuerst von Barth aufgefunden wurde — eine der glanzvollsten Entdeckungen dieses berühmten Reisenden. Bereits in den Jahren 1832 und 1834 hatten Laird und Osfield Versuche gemacht, den Niger stromaufwärts zu befahren, Missionsstationen waren unter wechselnden Verhältnissen hier entstanden und wieder eingegangen, aber erst seit dem Jahre 1854, als Baikie auf der „Plejade" zur Unterstützung der, wie man in England vermuthete, auf diesem Wege heimkehrenden Reisenden Barth und Vogel ausgesandt, den Niger und Benue befahren hatte, wandte man diesem Flußsystem, dessen Wichtigkeit für Handel und Civilisation Nord-Centralafrika's Barth besonders hervorgehoben hatte, eine größere Aufmerksamkeit zu. Eine zweite von Baikie im Jahre 1857 unternommene Beschiffung des Niger endete zwar mit dem Verlust des Dampfers „Dayspring", führte aber gleichzeitig zu einer näheren Erforschung des Kowara, auf dem und auf dessen Nebenflusse Lieutenant Knowler im Jahre 1864 durch die Uferlandschaft Nupe etwa bis zum 10.° N. Br. vordrang, also etwa bis zu den Gegenden, wo Mungo Park im Jahre 1811 starb und die Brüder Lander im Jahre 1830 den Kowara überschritten. Die Niederlassung Lukoja (Lukodscha) oberhalb der Confluenz des Benue und Niger auf einem vom König von Bida den Engländern abgetretenen Landstrich erbaut, dürfte bereinst von großer Bedeutung für den centralafrikanischen Handel werden. Hier war es, wo Gerhard Rohlfs auf seiner Rückkehr von Bornu im März 1867 sich die erste Erholung nach seiner mühseligen Reise gönnen durfte. Noch möchten wir bemerken, daß die französische Regierung, wie an vielen anderen westafrikanischen Flußdeltas, so auch am Niger hydrographische Aufnahmen veranstaltete, und daß u. a. hierbei durch den Lieutenant Girard (1866) mit ziemlicher Gewißheit der Neu-Calabar als Mündungsarm des Niger erwiesen worden ist.

Wir verlassen einstweilen den Niger, um uns dem nördlichsten der westafrikanischen Ströme, dem Senegal zuzuwenden, dessen Ufer eine Reihe bis tief in den Sudan reichender französischer Niederlassungen tragen. In seinem Unterlauf die Grenzscheide zwischen der trostlosen Einöde der Sahara und dem grünen Palmenlande Afrika's, zwischen mit Arabern vermischten berberischen Nomadenstämmen und ackerbautreibenden Negervölkern, sind die fruchtbaren Gegenden seines Oberlaufes zum Schauplatz blutiger Kämpfe des nach Westen vordringenden Islams gegen das Heidenthum geworden. Vor einer Reihe von Jahrhunderten war das, nach Barth's Ansicht, aus dem Osten Afrika's stammende Hirtenvolk der Fulbe dem Westen zugezogen, hatte auf den Trümmern gestürzter Reiche die Staaten Massina, Gando, Sokoto und Adamaua gegründet, und war im 16. Jahrhundert siegreich bis zum oberen Senegal vorgedrungen, wo es, vermischt mit den Mandingo- und Jolof-Negern (Toucouleurs), im 18. Jahrhundert ein mächtiges westislamitisches Reich gestiftet hatte, während von seinen Sendboten zwischen Niger und Tsad-See ein östliches islamitisches Reich, das Pullo-Reich gegründet wurde. Anfangs in friedlichen Beziehungen zu den am unteren Senegal bereits im Jahre 1626 gegründeten französischen Handelsniederlassungen,

welche unter mancherlei Wechselfällen des Schicksals ihre traurige
Existenz zwei Jahrhunderte lang gefristet hatten und erst in neuerer
Zeit unter des Gouverneurs Faidherbe energischer Verwaltung eine
achtunggebietende Stellung einzunehmen begannen, hatten die
Fulbe am oberen Senegal sich auf ihre früheren Eroberungen be-
schränkt, bis im Jahre 1848 El-Hadji Omar von Neuem die
Glaubensfahne zu einem fanatischen Kampf gegen die heidnischen
Neger und seit 1854 auch gegen die Franzosen erhob. Für die
Franzosen endete dieser Krieg mit einem für ihre Machtentwickelung
günstigen Waffenstillstand (1860), während Omar nun ausschließlich seine Waffen der Unterwerfung des westlichen Sudan
zukehrte und im Jahre 1862, nach Unterwerfung von Khasso,
Barabul, Kaarta, Massina, Segu und Timbuktu, als Stifter
eines westlichen Pullo-Reiches auftrat. Auch nach seinem Tode
(1864) wurde dieser von beiden Seiten mit der größten Er-
bitterung geführte Kampf von seinem Sohne Ahmedu-el-Mekki
fortgesetzt und wüthet gegenwärtig noch mit einem zweifelhaften Ende zwischen dem Niger und oberen Senegal.

Den Franzosen ist es inzwischen gelungen, von St. Louis
aus, der Hauptstadt ihrer Niederlassungen, nicht allein an den
Ufern des Senegal und des Faleme eine Reihe befestigter Mi-
litär- und Handelsstationen bis tief in den Sudan hinein vor-
zuschieben, sondern auch durch Verträge mit einheimischen
Negerfürsten die Oberhoheit über den gewaltigen, bis etwa zum
14° N. Br. reichenden Küstenstrich zu gewinnen. Sind somit
die Senegal-Colonien räumlich im Fortschritt begriffen, so dürften dieselben, wenn anders die Krebsschäden französischer Co-
lonialverwaltung nicht auch hier einer gedeihlichen und nutz-
bringenden Entwicklung feindlich entgegentreten, eine große
Zukunft haben, namentlich wenn es gelänge, Handelsverbindungen zwischen Algerien, dem Niger und Senegal herzustel-

len, zumal da die schiffbaren Theile beider Flüsse in gerader Richtung nur etwa 50 Meilen von einander entfernt liegen. Zur Ermittelung einer soliden Handelsstraße wurde im Jahre 1860 der Lieutenant Aliün Sab, der Sohn eines einflußreichen einheimischen Kaufmanns am oberen Senegal, vom Gouverneur Faidherbe abgesandt, die Kämpfe der Fulbe's am Niger ließen ihn aber nur bis Arauan, dem nördlich von Timbuktu gelegenen Centralpunkt für den westafrikanischen Handel mit Marokko, Tunis und Tripoli, vordringen; als französischer Sendbote gefangen genommen, gelang es ihm nur unter tausend Gefahren, den Senegal wieder zu erreichen. Gewissermaßen ebenso erfolglos war die Expedition der Herren Mage und Quintin, welche im November 1863 aufbrachen und deren Aufgabe zunächst die Anknüpfung friedlicher Handelsbeziehungen mit dem neu entstandenen Pullo-Reich war. Die kriegerischen Ereignisse in jenen Ländern, an denen sich die beiden Reisenden als Mitkämpfer in der Armee Ahmedu's betheiligten, ließen sie nur bis zum Dorf Sansandig am Niger gelangen, von wo sie nach mancherlei Gefahren in der Mitte des Jahres 1866 ihre Rückkehr nach den französischen Colonien bewerkstelligten. Die Chartographie hat aber jedesfalls aus der Reise Mage's durch eine Anzahl neuer Positionsbestimmungen, durch die genaue Niederlegung des Routier's, durch Erkundigungen über noch völlig unbekannte Länderstrecken, sowie durch Aufnahme des Niger zwischen Sansandig und Kulikoro ein schätzbares Material gewonnen.

Der Nordrand Afrika's kann in einem Vortrage, der die neuesten Entdeckungen zum Vorwurf hat, nur in sofern in den Kreis der Betrachtung gezogen werden, als seine Häfen zu Ausgangspunkten einer Reihe der wichtigsten Entdeckungen in Nord-Centralafrika geworden sind. Eine reiche Vergangenheit hat freilich diese Küste hinter sich. Mächtige Völkerwogen überschwemmten von Osten und Westen her den Nordrand Afrika's, mächtige Reiche sah das Mittelmeer an seinen Südgestaden erstehen und vergehen im stetigen Wechsel von höchster Cultur und tiefster Barbarei. Eine Urbevölkerung unbekannter Abstammung, deren primitive Gräber- und Höhlenbauten in der neuesten Zeit die Aufmerksamkeit der Archäologen auf sich gelenkt haben, wurde durch die Punier von der Küste verdrängt, mit deren Pflanzstädten nicht allein die Mittelmeerküsten, sondern auch weit über die Säulen des Herkules hinaus das mauretanische Gestade sich bedeckte. Als Erben des Gebiets der Karthager und ihrer bis tief in den Sudan hinabreichenden Handelsverbindungen, ebenso wie als Herren der von den Griechen im Osten gegründeten und zur höchsten Blüthe gebrachten Pentapolis von Kyrene sehen wir dann die Römer auftreten, welche ihre neu erworbenen Provinzen durch zahlreiche Städte und Straßenanlagen vom Meer bis an den Rand der Wüste zu schützen und die Ertragfähigkeit des Bodens bis zu einer solchen Höhe zu bringen verstanden, wie solche bis jetzt noch nicht wieder erreicht worden ist. Mit dem Untergange von Roms Weltherrschaft waren auch die großartigen Schöpfungen der Römer dem allmäligen Verderben geweiht. Zuerst eine Beute der Vandalen, dann von Belisar für den byzantinischen Kaiser zurückerobert, erhielt sich in den einst so blühenden Provinzen nur noch ein Scheinglanz früherer Größe, bis auch dieser mit dem Vordringen südlicher Nomadenstämme, sowie der Bekenner des Islam von Osten her erlosch. Nur auf wenige Stätten concentrirt, haben Handel, Gewerbfleiß, Wissenschaften und Künste unter den Muhammedanern an der Nordküste Afrika's sich nie zu so schöner Blüthe entfaltet, keine historisch und künstlerisch so hervorragende Monumente der Nachwelt hinterlassen, wie unter der Maurenherrschaft in Spanien. Zersplittert in kleinere und größere, sich gegenseitig befeindende Dynastien und Sekten und unfähig, dem Andrange der Spanier zu widerstehen, suchten und fanden die nordafrikanischen Bekenner des Islams Hülfe in Konstantinopel. Türken wurden seitdem für Jahrhunderte die Zwingherren der arabischen Bevölkerung und zugleich die Geißel der seefahrenden Christenheit, bis durch die Eroberung Algiers durch die Franzosen die Meere von den nordafrikanischen Seeräubern befreit, Tunis und Tripoli dem friedlichen Handelsverkehr geöffnet, Marokko mit seiner fanatischen Bevölkerung nach manchen harten Lectionen durch französische, englische und spanische Waffen zur Ruhe verwiesen und vor allem die Macht Frankreichs durch eine herrliche Provinz erweitert wurde. Seit vier Decennien wehen Frankreichs Fahnen von den Zinnen der altmuselmanischen Zwingburgen, bis in die Schluchten des Atlas, bis in die Oasen der Wüste hat sich das Schwert der Eroberer Bahn gebrochen; decimirt wurde die einheimische Bevölkerung in den Kämpfen mit den disciplinirten Heeren Frankreichs, und unterworfen trägt sie grollend das Joch der Civilisation, mit welcher nach französischen Begriffen diese Barbaren beglückt werden. Schweigen wir hier über französische Colonialpolitik, über die Stellung, welche Algerien einzunehmen berufen wäre. Wir haben es in unserem Vortrage vorzugsweise mit den Eroberungen auf dem Felde geographischen Wissens zu thun, und da dürfen wir uns nicht verhehlen, daß die Waffenthaten der Franzosen uns nach und nach einen noch vor einem halben Jahrhundert fast unbekannten Küstenstrich erschlossen haben, der mit seinen zahllosen, theils einer Urbevölkerung, theils der punischen und römischen Zeit angehörenden Monumenten für die Archäologie, ebenso wie für Geographie und Geschichte zur ergiebigen Fundgrube und durch treffliche Publicationen zum Gemeingut der Gelehrtenwelt geworden ist.

An diese Forschungen auf algerischem Boden schließen sich die auf tunesischem und tripolitanischem an, wo nicht allein die an der Küste gelegenen Ruinenstätten besucht, sondern auch das Innere dieser beiden Regentschaften nach Resten der Vorzeit durchforscht wurden. Archäologie und Geographie haben hier durch die Veröffentlichung der Untersuchungen Guérin's und Dawis', welche sich würdig denen Falbe's über die Ruinen Karthago's anreihen, ein reiches Material gewonnen, ebenso wie die Kyrenaika, deren merkwürdige Baureste zuerst durch Pachò veröffentlicht waren, vor wenigen Jahren von englischen Officieren aufgenommen, während ihre Ruinenstädte durch die Publicationen von Smith und Porcher von Neuem zur Anschauung gebracht wurden. Hierhin ist gegenwärtig die Reise Gerhard Rohlfs' gerichtet, welcher in Begleitung eines Photographen neue Aufnahmen der Ruinen veranstalten wird und dann sich der Untersuchung des noch völlig unbekannten Südrandes des Plateaus der Kyrenaika zuzuwenden gedenkt.

Wenden wir uns schließlich dem centralen Theile Nord-Afrika's zu, wo die mächtige, von den Ufern des atlantischen Oceans bis an das Nilthal in einer Länge von circa 700 Meilen und einer Breite von circa 200 Meilen hingelagerte Wüste der Sahara die Staaten des Nordrandes von denen des Sudan trennt. Vernichtet sind jene Vorstellungen von dem Charakter der Sahara, wie solche noch vor wenigen Decennien uns gelehrt wurden, und wenn auch mit dem Aufgeben der alten Ansichten von einem endlosen, sonnendurchglühten und von Stürmen durchpeitschten Sandmeere die Schrecknisse der Wüste für den Reisenden sich nicht vermindert haben, so haben doch durch die neueren Forschungen eines Barth, Duveyrier und Rohlfs richtigere Anschauungen sich Bahn gebrochen, durch welche sogar die Wüste theilweise wenigstens ihres grausen Charakters entkleidet worden ist. Als charakteristische Hauptphänomene treten uns einmal unermeßliche, von jeglichem Pflanzenwuchs entblößte Hochebenen entgegen, hier als weite von den Winden glattgefegte Felsflächen sich darstellend, dort von scharfkantigen, gezackten Felsbänken, Gebirgen und Schluchten durchzogen, wo nur an geschützteren Stellen eine spärliche Vegetation zu gedeihen vermag, dann gewaltige, mit reinem Flußsande bedeckte Einsenkungen oder Niederungen, durchzogen von chaotisch durcheinander geworfenen, oft mehrere hundert Fuß hoch aufsteigenden Dünenbergen. Letzteren Charakter trägt die vom Vorgebirge Barbas am atlantischen Ocean bis zur kleinen Syrte, in einer Länge von etwa 350 Meilen und einer zwischen 7 bis 70 Meilen variirenden Breite sich hinziehende Wüstenzone, den Plateau- und Gebirgscharakter hingegen eine von den tripolitanischen Küstenebenen zu dem Wüstenplateau der Hammada aufsteigende breite Zone, welche sich in südlicher Richtung, unterbrochen von zahlreichen Oasen, über grotesk geformte, wild über einander gethürmte Fels- und Gebirgsgruppen, in deren Schluchten nach starkem Gewitterregen sich wohl eine kurzlebige Vegetation anzusiedeln pflegt, ausdehnt, und die, wo sie zum sudanischen Tieflande sich herabsenkt, unter dem Einfluß regelmäßig wiederkehrender tropischer Regen wenigstens zeitweise mit einer spärlichen Pflanzendecke bedeckt erscheint.

Durch diese Wüstenzone führen die wenigen Caravanenstraßen, auf welchem der Handel des Nordens mit dem Süden und umgekehrt vom Sudan nach der tripolitanischen Küste seit den ältesten Zeiten auf denselben schmalen, von der Natur vorgeschriebenen Pfaden, von Oase zu Oase, von Brunnen zu

Brunnen sich fortbewegt, und diese gefahrvollen Straßen erblicken wir jene Reihe muthiger Männer betreten, welche im Dienste der Wissenschaften die Erforschung des Sudan sich zur Aufgabe gestellt hatten. Als Bahnbrecher sehen wir in den J. 1798 — 1800 Hornemann (von Kairo über die Oasen Siwah und Udschila), im J. 1819 Lyon und Ritschie auftreten, doch führten diese ersten Versuche nur bis Mursuk, und erst im J. 1823 gelang es den Engländern Oudney, Denham und Clapperton unter unsäglichen Mühsalen den Tsad-See und das Reich Bornu zu erreichen und westwärts bis Kano und Sókoto vorzudringen. Glänzend waren die Entdeckungen dieser Reisenden, hatten sie doch der Geographie ein bis dahin völlig unbekanntes Terrain erschlossen und Europa zuerst mit den staatlichen Verhältnissen der sudanischen Negerreiche bekannt gemacht, aber sie tragen durch Mißgeschicke, mit denen die Reisenden zu kämpfen hatten, den Charakter des Unzusammenhängenden und Abenteuerlichen an sich; es fehlt ihren Schilderungen der ruhige Blick des Forschers, die Befähigung zu einer wissenschaftlichen Erforschung geographischer und ethnographischer Verhältnisse.

Sechs und zwanzig Jahre waren vergangen, Jahre der Entwicklung einer neuen geographischen Anschauungsweise durch die von Carl Ritter begründete Schule, als Heinrich Barth, ein Jünger Ritter's, im December 1849 den Boden Afrika's, dessen Nordküste er bereits in den Jahren 1845 u. 46 in seiner ganzen Ausdehnung bereist hatte, zum zweiten Male betrat und von Tripoli aus seine von den glanzvollsten Entdeckungen gekrönte Reise nach dem Sudan begann, welche die merkwürdigen geographischen und ethnographischen Verhältnisse dieses zwischen dem Nord- und Süd-Plateau Afrika's gelagerten Tieflandes zuerst zur richtigen Anschauung bringen sollte. — Welche Verluste diese ursprünglich von England ausgesandte Expedition durch den Tod Richardson's, eines für die Heiden-Mission vielleicht mehr als für eine wissenschaftliche befähigten Mannes, sowie durch den Tod des für die Wissenschaft leider zu früh gestorbenen Overweg erlitten hat, und mit welcher Energie Barth, nach dem Tode seiner Begleiter auf seine eigenen Kräfte angewiesen, während seiner sechsjährigen Reise sich den Weg durch die Reiche südlich vom Tsabsee und westwärts bis Timbuktu bahnte, ist bekannt. Die Aufklärung des wahren Charakters der Sahara, die Feststellung der Lage und Ausdehnung der Mendisgruppe, die Entdeckung des Oberlaufes des Benue und der Nachweis der Unabhängigkeit dieses Flußsystems von dem des Tsad, die Erforschung des Flußgebiets von Bagirmi und Adamaua, endlich die Feststellung des Nigerlaufes zwischen Sókoto und Timbuktu, das sind die von Barth selbst bezeichneten Hauptresultate seiner Reise.

So ausgedehnt nun auch Barth's Forschungen gewesen, so fehlten doch zur Vervollständigung des Bildes, welches er uns entworfen hatte, die südlich von seiner Route zum Niger liegenden Haussastaaten, sowie das östlich vom Tsab und von Bagirmi gelegene Wadai. Diese Aufgabe zu lösen unterzog sich Vogel, welcher zur Unterstützung Barth's von der englischen Regierung nachgesandt war (1853). Aber nur die Lösung des ersten Theiles seines kühnen Unternehmens sollte ihm beschieden sein. Bis Saria, Jakoba und bis zu den Ufern des Benue war er vorgedrungen, reich war das Material für Geographie und Botanik, welches er aus diesen noch unbekannten Gegenden in die Heimath sandte, die er leider nicht wiedersehen sollte. In Wadai's Hauptstadt Wara, in welche er als erster Europäer einzog, wurde er, wahrscheinlich im Mai 1866, auf Befehl des Sultans getödtet.

So waren in wenigen Jahren bereits zwei thatkräftige junge Deutsche zu Opfern ihres Wissensdranges geworden; aber gerade die unbestimmten Nachrichten über Vogel's Schicksal, das lebhafte Verlangen, seine Sammlungen und Papiere dem Untergange zu entreißen und die von ihm begonnenen Entdeckungen in dem ungastlichen Wadai weiter zu führen, regte den deutschen Unternehmungsgeist in schönster Weise an. Aus freiwilligen Gaben wurde eine Expedition ausgerüstet, an deren Spitze der durch seinen langjährigen Aufenthalt in Chartûm mit den afrikanischen Verhältnissen bereits vertraute v. Heuglin stand und dem sich der Botaniker Steudner, sowie der damals im Bogoslande ansässige, als Linguist und Ethnograph gleich ausgezeichnete Werner Munzinger angeschlossen hatten (1861—64). Der Zweck dieser Expedition war, von Chartûm aus westwärts durch Kordufan und Darfur nach Wadai einzudringen, doch scheiterte dieses Vorhaben an der Unmöglichkeit, über el Obêd, der Hauptstadt Kordufan's, die Residenz des Herrschers von Darfur zu erreichen. Diesen Weg hatten Munzinger und Kinzelbach eingeschlagen, während v. Heuglin und Steudner, allerdings gegen den Plan des Comité's in Gotha, es vorzogen, zunächst Abyssinien zu bereisen und dann, wie wir oben bereits erwähnt haben, von Chartûm aus den Bahr-el-Ghazâl zu durchforschen.

Größere Aussichten auf Erfolg, Wadai zu erreichen, bot die Reise v. Beurmann's, welcher, gleichfalls mit Unterstützung des Comité's in Gotha, am 13. Februar 1862 von Benghasi aus über die Oase Udschila nach Murzuk sich begab und von hier in südlicher Richtung über Bilma, auf ziemlich derselben Route, welche Barth für seine Heimkehr gewählt hatte, dem Tsadsee sich zuwandte. Mußte er auch seinen Plan, direct nach Wadai zu gehen, wegen der Ueberschwemmungen des Tsadsees und der kriegerischen Wirren in Kanem für jetzt aufgeben, so benutzte er doch diese unfreiwillige Verzögerung zu einer Reise von Kuka nach Jakoba, und erst im December 1862 konnte er nach Wadai aufbrechen, an dessen Grenzen er freilich das traurige Schicksal Vogel's theilen sollte. Auch seine Aufzeichnungen gingen, mit Ausnahme der über seine Hinreise zum Tsadsee, für die Wissenschaft verloren.

Aber trotz dieser unglücklichen Bestrebungen erblicken wir wenige Jahre später wiederum einen Deutschen bereit, sich dem gefahrvollen Unternehmen zu unterziehen. Gerhard Rohlfs ist der Name dieses Mannes, dessen gewagte und unter tausendfältigen Gefahren glücklich vollendete Forschungsreisen ihm ein dauerndes Verdienst in der Reihe der berühmtesten Afrikareisenden gesichert haben. Vertraut mit Gefahren durch ein reich bewegtes Leben während seiner Jugendjahre und vollkommen vertraut mit Sitten, Gebräuchen und Sprache der Araber durch seine Stellung in der algerischen Fremdenlegion, begab er sich im J. 1861 zunächst nach Marokko, wo er, unter der Maske eines Moslems, als Arzt sich dergestalt das Vertrauen des Sultans, vorzüglich aber des als geistlichen Oberhaupts im nordwestlichen Afrika allmächtigen Großscherifs von Uesan zu erwerben verstand, daß er nach einem einjährigen Aufenthalt in Marokko und mannigfachen Reisen in diesem Lande es wagen konnte, mit Empfehlungen reich versehen, eine Wanderung durch die marokkanische Sahara zu unternehmen. Am 20. Juli 1862 verließ er Tanger, zog an der Westküste bis Agadir und wandte sich von hier der Sahara zu, welche er als erster Europäer über Tarudant, Wadi Dra'a und Tafilelt durchschnitt. In der Nähe der Oase Boanan von seinen Führern überfallen und schwer verwundet, verdankte er seine Rettung nur einer wunderbaren Fügung. Nach Algier zurückgekehrt, trieb ihn aber sein Wissensdrang zu einer neuen Wanderung, deren Ziel diesmal Timbuktu sein sollte. Nach einem vergeblichen Versuche, Tuat zu erreichen, verließ er, freilich nur mit geringen Geldmitteln ausgerüstet, im Frühjahr 1864 Tanger, überschritt die Pässe des Atlas, durchzog während der Monate Juni bis September Tuat und Tidikelt, wo nur die Empfehlungen des Scherif von Uesan sowie die Energie, mit welcher er inmitten einer fanatischen Bevölkerung die Rolle eines Moslems durchzuführen verstand, ihn vor Verderben bewahrten. Beim Scheich von Insalah fand er freundliche Aufnahme, mußte aber hier seine Lieblingsidee, nach Timbuktu vorzudringen, aufgeben, da der Ausbruch eines Krieges zwischen den Tuareg und dem Scheich el Bakay von Timbuktu, dem Beschützer und Freunde Barth's, ihm den Weg versperrte. Auf noch nicht bereisten Routen wandte er sich nun über Temassanin und Ghadames nach Tripoli, wo er am Ende des J. 1864 eintraf. Nur kurze Zeit der Erholung gönnte er sich in seiner Heimath, und bereits im März 1865 kehrte er nach Tripoli zurück in der Absicht, über Ghadames und das Gebirgsland der Hogar zu den Ufern des Niger vorzudringen. Doch wiederum sollten die Kriege der Tuareg, sowie die mit dem Tode des Scheich el Bakay in Timbuktu eingetretenen Wirren seine Pläne vereiteln. Ueber Ghadames und Misda wandte er sich nun durch bisher noch unbekannte Gegenden zunächst nach Mursuk, und da scheinbar günstige Nachrichten über die politischen Zustände in Wadai eingetroffen waren, welche einen günstigeren Erfolg verhießen, so beschloß Rohlfs zunächst nach Bornu zu gehen. Ueber Bilma, wo ein unfreiwilliger Aufenthalt ihn mehrere Monate zurückhielt, zog er zum Tsadsee, fand in Kuka beim Sultan eine freundliche Aufnahme und faßte nach langem Harren, da seiner projectirten Reise nach Wadai die ernstesten Bedenken sich entgegenstellten, den Entschluß, in westlicher Richtung zum atlantischen Ocean vorzubringen. Nach einem Besuche des Gebirgslandes Mandara wanderte er über Gomba und Jakoba, den beiden bereits von Vogel und v. Beurmann besuchten Punkten, zum Benue, auf welchem ihn ein Kanoe bis zur englischen Niederlassung am Niger trug (31. März 1867).

Wir haben somit unseren Periplus an den Küstenländern Afrika's vollendet, sind den wichtigsten Entdeckungen in das Innere gefolgt und haben, freilich nur in engem Rahmen gefaßt, ein Bild jener großartigen Leistungen zur Anschauung gebracht, welche in jüngster Vergangenheit von den kühnen Erforschern dieses Erdtheils ausgegangen sind. Möge auch die Zukunft uns Männer finden lassen zur Vollendung des Gesammtbildes von Afrika.